U0009884

日本昭和時代老照片

鐵道・生活・風景帖

J・瓦利・希金斯
歐兆苓 譯

秘蔵カラー写眞で味わう
60年前の東京・日本

J. Wally Higgins

推薦序

路面電車悠遊行駛的祥和時代

川本三郎
黃碧君 譯

對一九四四年出生的人來說，這本攝影集令人十足懷念。書裡的照片，有我十幾歲時熟悉的東京風景。

拍攝這些照片的作者J・瓦利・希金斯是駐日美軍的一員，於一九五六年來到日本，並從那個時候開始，就透過鏡頭捕捉日本的風景。書中收錄的是他從一九五六年到一九六四年東京奧運前後所拍攝的照片。

當時的日本正處於高度經濟成長期。戰後兵荒馬亂的時期——也就是從戰火燎原中興起的黑市時代——已經結束，社會趨於安定，國民的生活也漸漸變得富裕。在戰後的日本，那段安穩而美好的時光，讓人感覺就像冬天和煦的陽光普照。

而具體象徵那個安穩年代的，正是現身在書中許多照片裡的路面電車。

不像現在，那時還未進入汽車時代，所以不僅是東京，在地方鄉鎮或偏鄉也都可以看到路面電車的行蹤。作者希金斯熱愛鐵道，尤其喜愛路面電車，因而對東京及日本各地的路面電車感到驚豔，並用相機的鏡頭一一記錄下來。

轉變成汽車社會的現在，路面電車大半已消失無蹤，這些照片因而成為彌足珍貴的懷舊風景。

路面電車當中，在東京都內行駛的稱為「都電」，當時東京市中心的二十三區都可以看到都電的蹤跡，是市民代步的工具。

以我個人的經驗來說，就讀中學及高中的六年間都是搭乘都電通學。書中第七十九頁中行駛在青山墓地附近的第七號系統都電，就是我上下學時搭乘的電車，實在太懷念了。這列都電行駛在都心，卻如照片所示，一部分竟然有專用軌道，可說十分罕見。雖是路面電車，但其實洋溢著郊外電車的氛圍。

都電通常只有一個車廂，和中央線或山手線的主要電車相較，空間小、速度又慢，搭起來感覺悠悠然，正切合當時的時代氛圍——戰後的混亂期告一段落，社會穩定了下來，但又不至於太過匆忙。這時，社會變遷的速度正符合都電的車速。

之後，因為汽車普及，都電被認為「有礙汽車行駛」，到了舉辦東京奧運的一九六四年左右便逐漸廢線。這時，時代變化的速度超越了都電的車速。

這本攝影集另一項令人驚訝的地方，是不光收錄了東京的照片，還有日本各地的風景。希金斯的足跡遍及全日本，北起北海道，南至當時被視為偏遠離島的屋久島，而且多半是單獨旅行。當時出外旅遊還不是那麼自由方便，連日本人都不一定能夠到這麼多地方旅行吧！這本書真的是一部很珍貴的資料。

到外縣市的鄉鎮旅行時，「鐵道」當然是不能錯過的關鍵。希金斯之所以前往屋久島，也是因為得知島上有搬運山林木材的森林鐵道，為了拍照才去的。

我雖然也是鐵道迷，卻不知道日本各地竟然有過這麼多的路面電車和輕便鐵道。那些鄉鎮的鐵道照片也拍得很棒。如果這些鐵道依然健在的話，真想立即去搭乘。

第一二一頁中，行駛在秋田縣的羽後交通雄勝線、即將駛入AGURIKO站的列車；第一七二頁中，靜岡縣境內的靜岡鐵道秋葉線永樂町站附近的單線電車；第二二二頁中，行駛在山口縣的船木鐵道、即將駛入伏附站的電車和等車的老人。希金斯竟然連那麼小的鄉鎮鐵道都曾去搭乘，真是令人驚嘆。看到玩具般可愛的電車，不禁感慨如今的汽車化社會已喪失了這些日常的美好事物——但願我們至少能將失去的景物好好珍藏在記憶裡。

我並非否定進步。對成長於戰後貧困期的人來說，這個時代的日本社會確實變得富裕許多，這一點也的確讓人慶幸。

在這本攝影集裡便可以看到日本富裕的象徵，其中之一是一九五八年十二月落成的東京鐵塔（書中也收錄了施工中的珍貴照片）。高三三三公尺的東京鐵塔在當時是世界第一的高塔，即使是年少無知的我也曾感到驕傲。

另一個富裕的象徵則是奧運舉辦前，於一九六四年十月開通的新幹線。這是全世界第一條高速鐵道，同樣令人引以為傲，當時在日本國鐵服務的希金斯還提到新幹線舉辦試運轉時曾受邀搭乘。

儘管他認為新幹線是「非常優秀的交通工具」，但也誠實地道出因為看不見列車正前方的風景而不是那麼喜歡。他寫道：「如果想要了解日本，我建議搭乘在來線*，一邊欣賞風景一邊觀光。」同樣喜愛搭乘地方支線旅行的我真是再同意不過了。

這本攝影集裡的照片距今超過「六十年」，當時的風景幾乎都已經改變了，但我卻發現有那麼一張照片仍留有往昔的風貌。

那就是第一一六頁的外川站。它是從千葉縣的銚子站出發的私鐵地方支線「銚子電鐵」的終點站。這座老舊宛如民家的車站建築如今仍留有昔日的模樣，電車也和以前一樣（速度和都電相同）悠然緩慢地行駛。我由衷希望，這樣的小型電車能永遠留存下來。

* 註：指有別於後來興建的新幹線、日本舊有的鐵道系統。

序言　自我介紹

成長歷程

我在一九二七年生於美國東部的紐澤西州。父親在連接紐約和水牛城（位於紐約州西北部的城市）的利哈伊谷鐵路從事業務以及旅客服務的工作，當時母親會推著坐在嬰兒車內的我來到鐵軌旁，我從襁褓時期就是看著蒸汽火車長大的。我的爺爺和外公都從事和鐵道相關的工作，家族代代都和鐵道非常有緣，現在的我之所以能像這樣拍攝鐵道照片，還出了好幾本

1963 年 11 月 29 日，攝於井川湖（靜岡縣）。

鐵道的攝影集，應該就是拜家學淵源所賜。

尤其因為外公是搭乘列車遞送郵件的郵務員，所以我從小就對地圖非常熟悉，這對我後來在日本的生活有很大的幫助。每當我詢問外公該如何前往某地時，他總是回答：「我不是教過了嗎？自己看地圖吧！」所以只要我的手上有一張地圖，就算上面寫著其他國家的語言，我也還是能夠找到自己的所在位置以及正確的方向。我在日本使用的第一份地圖雖然是日文地圖，但它的內容既正確又詳細，對我在東京的冒險並沒有造成太大的困擾，而這或許也是受到家庭背景的影響。

我與日本的緣分早在戰後赴日工作前就開始了。外公的弟弟是美國海軍軍醫，外公家裡則會擺放來自日本的擺設，從初次訪日至今，我都還留著曾經屬於那位叔公、由喜賓會在一九〇八年出版的《最新日本地圖（*The Latest Map of Japan*）》。

人類是一種很奇妙的生物，會對自己熟悉的事物抱持著興趣，我對鐵道的熱忱最初亦是如此，然而在與英國、澳洲及紐西蘭等英語系國家的夥伴針對鐵道進行一番交流之後，我開始想要了解更多。這個世界無邊無際且趣味無窮，因為有想要見識外界的好奇心以及原本就感興趣的電車世界，我現在才會站在這裡。

愛上路面電車

我高中時也有一個同學是鐵道迷，就像我有一個熱愛鐵道的父親，他們家也從父親那一輩開始就是鐵道迷，所以即使我們分別進入位於不同城市的哈佛大學及柯爾蓋特大學就讀，彼此還是保持著聯繫。在我搬到日本後，他還曾來找我一起旅行。

年輕時我特別喜歡大型的蒸汽火車，而我那位高中同學則醉心於路面電車。雖然搭過好幾次路面電車，但是它當時並沒有特別吸引我的地方，不過後來在老同學的耳濡目染之下，我也開始對路面電車產生了興趣。

我認為列車或路面電車的有趣之處，在於與人們的生活息息相關。就這層意義來說，旅客列車就是因為載著乘客才有樂趣，尤其路面電車幾乎百分之百用於載客，因此顯得格外有意思。

舉例來說，如果要從自己家或所在的小鎮前往當地的鐵路車站，問我用走的和搭路面電車哪一種比較方便的話，答案當然是路面電車。我會搭路面電車從自己居住的小鎮前往最近的車站，抵達車站之後便能換乘列車，而這輛列車則連接著鎮外更大的都市。路面電車不但支援著我們的日常生活，除了所在地以外，還能帶領我們與遠方更寬廣的世界以及更多的人產生交集。

赴日

一九五六年三月三十一日，早早就和日本及鐵道結下不解之緣的我，作為駐日美軍的一員踏上了日本的國土，在凌晨兩點左右抵達羽田機場，並搭乘軍用巴士前往橫須賀。赴日之前，我已從被分發到廣島吳市的朋友那裡得知了許多日本鐵道系統的事，打從還在美國的時候，就已經開始思考如何在日本搭電車旅遊，因此隔著車窗看到京急電鐵的鐵路讓我格外興奮。雖然深夜時分並沒有電車行駛，但我還記得自己清楚看見了與一般道路比肩而行的電車軌道。

抵達橫須賀，我稍微睡了幾個小時，接著到新的工作地點打過招呼、換好日幣，就直接從橫須賀站搭乘橫須賀線前往東京車站。因為朋友建議我到東京車站附近的日本交通公社（現在的ＪＴＢ公司）購買詳細的地圖，所以我在出站後先去了一趟，買好了地圖便直接往皇居的方向前進。不過我的目的並不是要參觀皇居，而是為了從和田倉門的停靠站搭都電前往上野，展開我在日本的鐵道之旅。由於我赴任的時間正值櫻花綻放的季節，每到假日，我就會下船進行一次又一次的電車小旅行，有時前往橫須賀的衣笠山公園，有時則搭乘京急電鐵或小田急電鐵享受高速奔馳的快感。

結束為期一年的工作以後，我把握或許是最後一次在日本旅遊的機會，搭著電車一路從北海道玩到九州。其實如果可以更早休假的話，我原本打算去一趟大洋洲，可惜最後因為工作錯失了請假的時機，因此才決定要在櫻花季進行環日旅遊。

這趟為期兩個月的旅行讓我徹底愛上了日本鐵道，對電車的狂熱成為我在回國後想盡辦法再來日本的一大原因。就在我為了尋找重返日本的方法而絞盡腦汁之際，沒想到機會很快找上了我，讓我得以在一九五八年六月以府中空軍軍官的身分再次赴日。

在日本的生活

我在一九六〇年與日本女性濱路結為連理。當時，軍中大部分的人都住在美軍專用的華盛頓高地（現在的代代木公園）或格蘭特高地（現在的光之丘公園），但由於太太是日本人，所以我們一家是住在鄰近澀谷的初台，我也常常在太太返鄉探親時跟她一起回到老家靜岡。

一九六二年，我接手了一位返美的朋友在日本國鐵國際部門的工作。雖然我當時任職的美軍以及許多美國企業都已經固定實施週休二日制，日本企業星期六卻還是必須上班。我利用這個機會在每週六到國鐵總部所在的丸之內上班，雖然主要的工作內容都和英文脫不了關係，但考慮到自己因此得以和國鐵的同事、朋友們交流，這實在堪稱是一份能夠兼顧興趣與實際收入的理想工作。

除此之外，當時我還經常帶著從外國來訪的鐵道相關人士到處參觀。如果是星期六的話倒還沒什麼問題，但要是平日，我就必須向美軍那邊請一天假。拜此所賜，我在美軍服務的期間總是非常謹慎地安排休假，因為我想去的地方實在太多了。

正由於我有許多非常了解各地鐵道的同事，在安排旅遊計畫時，總是能獲得各種建議。多虧他們的幫忙，我才能將足跡延伸到地方支線，玩遍日本全國的每個角落；更不用說有時常陪我進行鐵道旅遊的太太在每個景點為我解釋各式各樣的標誌與招牌，我才能留下這麼多照片。

我一直在日本國鐵擔任編輯顧問，直到一九六五年才返回美國，後來又在一九七九年再次赴日，並詢問當時很照顧我的國鐵同事能否提供其他工作機會，對方則爽快地一口答應了。當時的那份工作地點位於筑波，我們家則在靜岡，離太太的娘家很近，因此回到日本以後，我有一段時間都是自己在外獨居工作。就像現在許多日本人在週末才會搭新幹線返家一樣，當時的我就過著這樣的生活。

後來再次接手國鐵顧問的工作，使我的生活變成了蠟燭兩頭燒。顧問的主要工作是確認英文能否讓外國人一目了然，並修改成適當的用法，我的責任範圍不但從標誌到文件應有盡有，還常常要接洽國外的鐵道公司。

日本國鐵分割民營化以後，許多國際部門被合併到 JR 東日本，所以我自然也變成了 JR 東日本的員工。這樣的關係一直延續至今，我現在當然也還在為 JR 服務。

其實我喜歡在來線

一九六四年七月，新幹線在正式通車的三個月前進行了搭載一般民眾的試運轉，受邀前來參加免費試乘的客人擠滿了由八節或十節車廂組成的列車。當時我也收到了國鐵總裁提供的招待券，於是帶著太太和幾位朋友搭著世界上第一條新幹線到豐橋處理一些事情。由於當時軌道還不太穩定，電車在行進之間非常小心，結果抵達新大阪站時已是深夜時分，雖說是世界第一條高速鐵路，坐在裡面卻完全感覺不到速度。即便如此，能夠坐上這輛列車依然讓我感動不已。

後來，新幹線在反覆進行測試的同時慢慢加速，從東京到新大阪原本預計要花四個小時，最後隨著速度提升，逐漸縮減到三個小時。能夠體驗獨步全球的高速鐵路是一次難能可貴的經驗，就連我都對通車至今從來不曾因為脫軌或故障等因素造成死亡事故這點引以為傲。從這個角度看來，新幹線實在是非常優秀的交通工具。

不過，我本身並沒有那麼喜歡新幹線，因為它沒辦法讓我站在駕駛後面欣賞列車正前方的風景，這樣不但不知道鐵軌的樣子，也沒辦法看見整條軌道。如果不能看清前後左右，就無法掌握列車本身以及經過的地方，只能讓人感受到腳下正在移動的電車實在無聊至極，因此我在搭乘看不見前方的列車時，時常忍不住為了了解情況而四處走動。

最近噪音問題也開始浮上檯面。北陸新幹線架設的隔音牆幾乎與軌道並行，只要有任何一段路線拆掉了隔音牆，附近居民馬上就會抱怨噪音擾民並要求重蓋。

我不會推薦想要在日本觀光的人搭新幹線，因為它甚至越來越無法讓人享受窗外的風景。如果想要了解日本，我建議搭乘在來線，一邊欣賞風景一邊觀光。其中在來線的特急列車是個不錯的選擇，還能從正前方清楚地看見鐵軌。我多年來愛用的「青春十八旅遊通票」有點類似在來線的回數票，希望難得造訪日本的人都能利用這類票券享受在來線之旅。青春十八旅遊通票是ＪＲ發行的票券，但由於私鐵有比較多路線能夠欣賞沿途風景，所以希望大家來玩的時候也能一併享受私鐵的景色。

搭電車，拍電車

確定要到日本工作以後，一位美國友人請我幫忙拍攝日本的鐵道照片給他。雖然我從五〇年代初期就開始玩攝影，但直到那時，我才添購了中古的德國製柯達「視網膜」相機和黑白底片，認真鑽研鐵道攝影。比起風景，鐵道照片的焦點更著重在鐵道本身，因此我刻意選用了黑白底片。當然，不需要擔心變色也是它的一大優點，因為當時盛傳彩色底片會有褪色的疑慮，所才我才決定要以黑白色調來呈現鐵道。

另一方面，為了將日本的魅力傳達給遠在美國的親友、告訴他們我是被日本的哪些地方深深吸引，在拍照時我會讓日本的風景與人物一起入鏡。主要構圖往往是和人物一起出現的交通工具，而這種讓人會心一笑的風景使用的則是柯達的彩色底片。彩色底片本身在當時非常稀有，不是任何人都買得到的，不過幸好我在美軍服務，因此可以用便宜的價格買到柯達底片。如果當時我不隸屬美軍的話，能用的或許就只有櫻花牌或富士牌的底片了。柯達底片沒有褪色實在是一件很幸運的事，雖然我是在不知情的狀況下選擇了它，然而在過了六十年後的現在看來，這項偶然的確是正確的選擇。

如果想要拍出讓自己滿意的照片，掌握按下快門的時機至關重要，但是我最近卻越來越無法捕捉到自己想要的那個瞬間，因此決定不再拍照了。我最後一次拍照是在二〇一一年。現在的相機性能比起當年厲害許多，沖洗技術也有很大的進步，許多人都能拍下出色的鐵道照片，就這一點來看，現在或許已經沒有能讓我發揮的空間了。

各地篇

※照片說明的括號內基本上標註的是當前的地名。

東京篇

山手線沿線
中央線沿線
地下鐵沿線
私鐵沿線
東京東部・島部

山手線沿線

新宿

火災後的售票亭　新宿站南口（新宿區）1961 年 12 月 10 日

我對這場發生在甲州口（按：即日後的南口）的火災毫無印象。但查過資料以後，發現火災似乎是發生在 12 月 7 日，因此這張照片是在火災三天後拍攝的，可以看到售票機已經被擺出來、站務正常運作的樣子。

新宿站西側（新宿區）1957 年 2 月 12 日

嶄新的都電電車正朝著荻窪的方向駛去。

国電区間
国電区間
新宿駅

富士食堂
2022
14
2022

中村屋

食料品の二幸
住友銀行
住友銀行

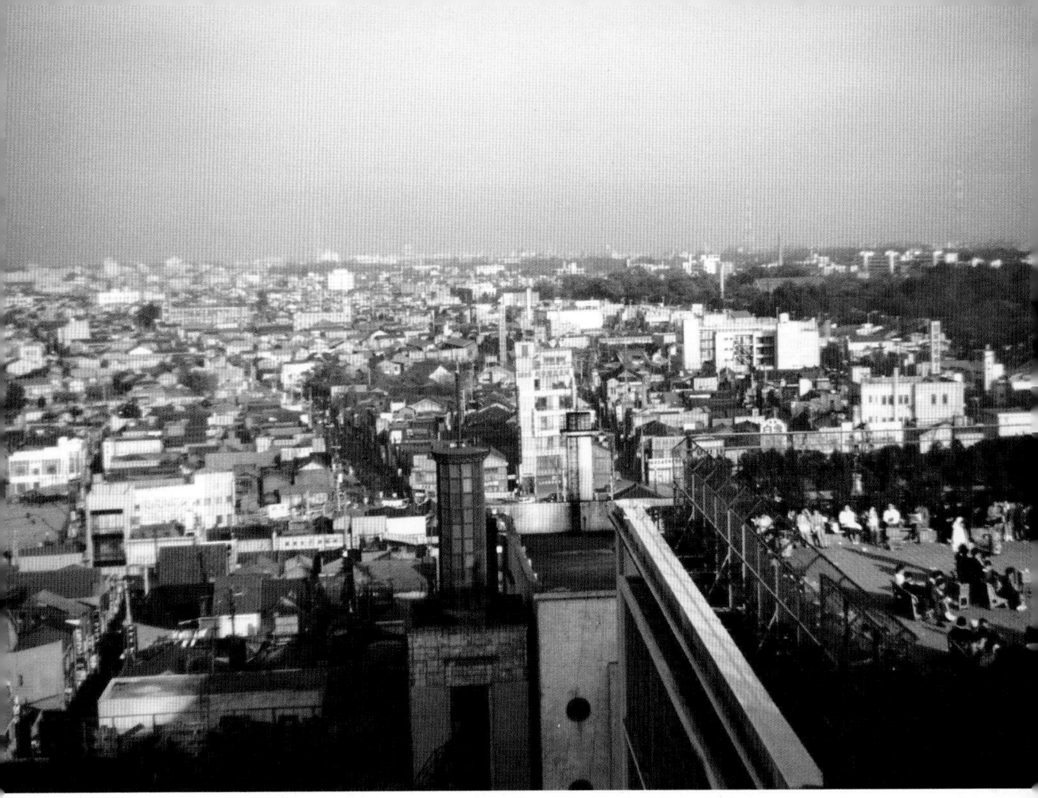

新宿伊勢丹頂樓（新宿區）
1961 年 4 月 30 日

新宿　甲州街道沿線（新宿區）
1961 年 5 月 28 日
位於後方的是昔日的新宿名勝——東京瓦斯的瓦斯槽。

夜晚的新宿站前（新宿區）
1958 年 6 月 28 日
夜裡人聲雜沓的新宿街道。可以看見新宿中村屋的招牌。

新宿站東口（現在的新宿 ALTA 前，新宿區）
1959 年 6 月 28 日
1959 年的東京有非常多條公車路線，除了都營巴士之外，還有東急、西武等客運公司的公車會從東京的中心地帶駛向每家公司各自在山手線外部開發的地區。我還記得有一班是從東京中央郵局開往等等力，印象中都營和東急巴士都會行駛這條路線。

新宿伊勢丹頂樓（新宿區）
1961 年 4 月 30 日

都電行駛的地方為明治通。照片前方的馬路正在進行拓寬工程，這條路的左後方就是歌舞伎町。雖然數量不多，但是當時的東京還有行駛多年的無軌電車，也就是位於都電右側的綠色車輛。只是無軌電車在獲得充分利用前，就被公車以及延伸的地下鐵給吞噬了。順帶一提，這班無軌電車的行駛路線與許久之後才興建的地下鐵副都心線非常相似。

野村

原宿

原宿站（澀谷區）1960 年 3 月

原宿站（澀谷區）1964 年 11 月 22 日

看到這兩張照片，我就會想起當時日本國鐵剛從堅固但坐起來不太舒服的巧克力色電車改成亮黃色新電車的事。直到幾年之後，為了讓民眾可以透過顏色簡單辨別，國鐵才決定讓每條路線採用不同顏色。當時山手線的「山手（YAMANOTE）」還念作「YAMATE」。順帶一提，上圖中的列車所行駛的軌道並非山手線，而是山手貨物線，目前供埼京線以及湘南新宿線列車行駛。當時這條軌道幾乎沒有旅客列車，唯一一班是在星期六下午從新宿開往熱海的「天城號」，這班車會在隔天——也就是星期天——下午從熱海返回新宿。搭乘「天城號」可以清楚看見位於新鶴見的國鐵貨物列車機廠，當時的新鶴見機廠比現在大上許多。至於下圖則可以看到貨物列車沿著山手貨物線正從左側逐漸駛近，黃色電車則是固定塗裝成綠色之前的山手線。

300

神宮橋

　澀谷的確一直都處於施工狀態，但說起來，東京就是這樣的地方。無論是結婚當初住在初台時，還是後來搬到世田谷以後，我都常和太太一起到澀谷站的東急百貨東橫店購買園藝用品。百貨公司附近的餐廳琳瑯滿目，而我們最喜歡且經常光顧的，是位於中央街入口附近一間名叫「松川」的鰻魚飯館。松川至今屹立不搖，但是當年的其他店鋪幾乎都已不見蹤影——東京就是一個這樣的地方啊！

神宮橋（澀谷區）1961 年 1 月 1 日
元旦當天人來人往的明治神宮前。

銀座線澀谷站附近（澀谷區）1957 年 4 月 5 日
銀座線澀谷站的位置從 1930 年代建造當時就一直沒變，但是現在東急百貨的建築物規模比以前擴大許多，把車站周邊團團包圍了。銀座線的車廂數量應該是在 1960 年代初期從三節變成六節，印象中是為了因應奧運，但是我不太確定正確的時間。當時由於車廂數變多、電車變長，車站好像還進行了一些改裝工程。

澀谷

井之頭線澀谷站（澀谷區）1960 年 8 月

這是在 Mark City 蓋好之前的井之頭線澀谷站。利用澀谷站通勤的時候，我經常走到月台最角落沒有屋頂的地方，拍下井之頭線、玉電（按：東急電鐵玉川線）以及銀座線的軌道終點。現在的月台比以前更長，乘客走到剪票口的距離也變遠了，不過要去傷荷包的 Mark City 倒是方便許多。

井之頭線澀谷站附近（澀谷區）1959 年 4 月 24 日

井之頭線（右）與玉電（左）並排駛入澀谷站。地下鐵銀座線位於照片左側玉電鐵軌的更南（左）邊。井之頭線和玉電經過的地方如今變成 Mark City 的大樓。銀座線的車站位於東急百貨東橫店的三、四樓之間 *，但機廠卻在 Mark City 的三樓。

宮益坂（澀谷區）1959 年 6 月 28 日

* 註：銀座線澀谷站新站已於 2020 年 1 月 3 日啟用，將位在東急百貨東橫店三樓的舊月台往東遷移並拓寬為原本的兩倍，且改良站體設計，變得更為明亮舒適。至於東急東橫店則於同年 3 月底結束營業。

1番ホーム
永福町

出発
20

7057
10
7057

澀谷站靠 HIKARIE 側（澀谷區）
1957 年 4 月 5 日

澀谷終年都在施工，不過正如方才所述，東京就是一個這樣的地方。1957 年的工程是為了將車道拓寬、整平，讓道路得以通過山手線的高架橋下方，連接到新蓋好的路面電車轉運站。當時，車站這一邊（也就是現在靠近澀谷 HIKARIE 這一側）有一棟東急文化會館，我會在那裡的二樓買東西，或是看看店家有沒有什麼划算的折扣。這塊地現在已經蓋了新的時尚大樓，成為那些還不用背負房貸或育兒開銷的年輕人的購物聖地。

澀谷站附近（澀谷區）
1960 年 8 月

池袋

池袋站東口（豐島區）1961 年 5 月 13 日

這張照片是從西武百貨頂樓往池袋站東口的方向拍的。雖然從發展上來看，池袋比新宿或澀谷還要落後，不過，擁有西武池袋線以及東武東上線，能夠把人潮從偏遠的新開發住宅區帶來都心的池袋，在昭和 30 年代其實就已經相當繁榮。如果我沒記錯的話，池袋的西武百貨總店是當時東京都內最大的百貨公司，後來在巢鴨監獄的遺址上還蓋了太陽城 60。雖然美國的某些都市視監獄為提供工作機會的重要產業，日本卻沒有把監獄當成開發的理由。

目白二丁目（豐島區）1957 年 2 月 12 日

在電車右後方似乎有一位紅衣女子的身影，從拍攝時間為 2 月來看，這應該是一名穿著紅色大衣的女性。她站的地方不是鐵軌，而是位於西武池袋線南側的步道。我查閱了手邊的地圖，發現這一帶屬於目白二丁目，附近的基礎地形和另一份在 1966 年 10 月出版的東京都地圖差異不大。西武線的跨線高架橋與山手線（如照片所示）交叉的這個地方比起池袋更靠近目白，可說被池袋的繁華排除在外。這裡的基礎地形至今沒什麼改變，用走的會發現有些地方還可以輕易辨識出當時的模樣。

西武線　池袋附近（豐島區）1962 年 9 月 30 日

雖然不確定這張照片是在距離池袋站多遠的地方拍的，但是四周完全沒有高樓建築，清楚呈現了開發初期的郊外風景。

ASAHI
野村

專欄

東京的夜景

這些夜景照是用顯影速度比柯達更快的安斯柯（美國品牌 Ansco）底片拍的，然而膠卷嚴重劣化，淺草的底片甚至發霉，所以照片看起來好像有一道閃電。現在看來，這些照片與用柯達拍的簡直是天壤之別。

來到日本以後，我對一般人如此享受夜生活的模樣印象深刻。在美國，即使是同一座城鎮，也會有一般人鮮少靠近的三不管地帶，由於夜裡會變得更危險，因此大家也就更不願意靠近這些地方。畢竟晚上出門本來就存在一定的風險，所以人們一般不會在夜間外出。

然而東京卻有好幾個可以讓人恣意享受夜生活的繁華鬧區，徹底突顯了日本良好的治安。加上四通八達的電車

澀谷　1959年7月18日

淺草　1959年6月14日

新宿　1958年6月28日

網絡一直營運到半夜，所以不會因為得開車回家而不能喝酒，只要趕得上末班電車，就算喝到深夜也不成問題。

銀座　1958 年 6 月 27 日

大塚

大塚站（豐島區）1962 年 3 月 31 日

根據鐵道史研究家和久田康雄的著作，在 1966 年全長有 194 公里的都電，到 1972 年為止實施了階段性縮減，只留下目前行經大塚、長 12.2 公里的荒川線，其餘軌道已全數廢線。

品川橋（品川區）1958 年 12 月 7 日

在一般道路旁與汽車比肩而行的京急電鐵。人們原本可以直接從電車旁穿越馬路，但政府或許覺得這樣的設計太危險了，所以很快就被撤除，改建成電車的專用軌道。

上野廣小路（台東區）1957 年 3 月
當時東京的轎車絕對稱不上多，因此上野廣小路的大量汽車可謂相當壯觀。右後方的大型建築物則是松坂屋百貨。

上野

C5747

秋葉原

秋葉原站（千代田區）1959 年 6 月 28 日
每天往返東京一趟的常磐通勤列車。在鐵路電氣化的潮流當中，自上野發車的常磐線依然保留著蒸汽火車，一直營運到 1961 年 5 月為止。這條定期行駛的地方支線只有在早上的尖峰時段與傍晚會來往於常磐線通過的郊區以及東京車站。不少鐵道迷都很喜歡這輛列車。

新橋站附近（港區）1958 年 6 月 20 日
我不太記得這張照片是在新橋的哪裡拍的，可能是銀座附近，也可能是車站後面。唯一確定的是，這裡並不是知名的日本鐵道發祥地「新橋」，因為真正的鐵道發祥地是如今的汐留。現在或許依舊如此，但當時只要一入夜，這裡就會變得熱鬧非凡。我拍下這張照片的時候，地上還留有前一晚的痕跡。數天前才從美國來到日本就職、剛展開美國空軍工作的我，那天盯著眼前的一片狼藉，因為莫名覺得有些懷念而按下了快門。

新橋演舞場前（中央區）1961 年 4 月 22 日
一整排人力車等著藝妓在《東舞踊》的演出結束後搭乘。

新橋

春宴
内科
婦人科
野原医院
公衆電話
BAR ホースネック

東京・丸之內

東京車站丸之內出口（千代田區）1958 年 8 月 16 日

位於日比谷通的東京銀行協會（千代田區）
1962 年 9 月 9 日

三菱一號館前（千代田區）1962 年 4 月 5 日

一九五六年三月三十一日，我初次踏上東京的中心市街，手裡拿著友人給我的東京照片和《日本：官方指南（*Japan, the Official Guide*）》，從當時住的橫須賀搭上國鐵。只不過，這部《日本：官方指南》其實是日本帝國鐵道廳在二戰前出版的過時指南。

抵達東京車站以後，我先去了日本交通公社，打算利用在那裡拿到的地圖展開都內巡禮。為了到和田倉門搭乘都電，我首先朝著皇居的方向走。雖然天空烏雲密布，但是一想到馬上就能體驗東京的路面電車，我便興奮得難以自持。

我對第一眼見到的東京有什麼樣的感觸呢？由於和後來再訪時的印象混在一起了，沒辦法清楚憶起當時的心情，這讓我覺得有點可惜。不過我還記得，因為只用一天實在參觀不完，所以在下著雨的隔天，自己還再度從橫須賀回到了東京車站。

日暮里

日暮里站（荒川區）1961 年 5 月 27 日

這是蒸汽火車行經日暮里的最後幾天所拍的照片，雖然不是最後一天，但應該就是從取手到水戶、勝田的鐵路改成交流電的數日前。改成交流電是因為直流電會影響到位於石岡的氣象廳地磁觀測所，隨著這項改變，自上野發車的常磐線便廢除了蒸汽火車，改成適用交流電與直流電的兩用電車。

日暮里站（荒川區）1957 年 6 月 4 日

日暮里站（荒川區）1961 年 5 月 27 日

這兩張照片並不是面對上野或日本橋，而是朝著淺草的方向拍的。雖然從 1957 到 1961 年這四年間，都市開發似乎沒有太大的進展，但可以看出月台隨著常磐線的車廂數增加而變得更長，車站後方也增建了新的大樓。在 1961 年的照片當中，前方掛著小小的「開運」標誌的列車是當時京成線唯一一輛特急列車，早上會從上野開往成田，並在下午返回上野。

ハキノイ

專欄

美軍所在的風景

華盛頓高地遺址（東京都澀谷區）1963 年 1 月 27 日

昔日的美軍宿舍群華盛頓高地變成了如今的代代木公園。由於當時美軍軍方並不鼓勵士兵攜眷派駐海外，因此很多人是獨自來到日本。設施內分成家庭用以及個人用的宿舍。1961 年，GHQ* 決定把土地還給日本作為奧運的選手村用地，這張照片的拍攝時間是在兩年後的 1963 年 1 月，建築物在這時已經全數拆除，宛如廢墟。

格蘭特高地（東京都練馬區）1964 年 3 月 31 日

格蘭特高地就是現在的光之丘公園，當時隸屬美國空軍，主要提供家庭用的宿舍。之所以可以從上方俯瞰格蘭特高地，是因為這張照片是我在直升機上拍的。

神田須田町（東京都千代田區）1957 年 6 月 4 日

仔細觀察照片左方「步行者優先」的告示牌，會發現它右邊的兩塊標誌分別寫著「ROUTE 1 TOKYO」和「ROUTE 2 TOKYO」。這是由於直接把日本的道路名稱轉換成羅馬拼音的話，會變得太長而難以辨識，因此 GHQ 才替道路編上編號，並在各個地方架設標誌。如果沒有這些標誌，看不懂日文的美軍要是被問到人在哪裡，可就答不出來了。然而日本人並不會用路名來說明位置，而是用街區名，所以就算知道道路編號也無法表達所在位置，更沒辦法走到自己想去的地方。因此雖然 GHQ 為了讓美國人容易理解而加上了道路名稱，但這樣的設計實在成效不彰。

* 註：General Headquarters，盟軍最高司令官總司令部。

右折禁止
NO
RIGHT TURN
午前 A.M. 8.00 - 午後 P.M. 8.00

RACKS
ARNING

名鐵岐阜市內線（岐阜縣）
1958 年 9 月 20 日

宮益坂（東京都澀谷區）
1963 年 6 月 30 日

四條大橋（京都府）
1956 年 10 月

這些照片左側的英文標誌當時隨處可見。因為美軍只看得懂英文，對他們來說，這些標誌都有存在的必要性。而有些地方即使任務結束以後依然暫時保留了這些標誌。

中央線沿線

御茶水

御茶水站（千代田區）1959 年 2 月 8 日

御茶水站（千代田區）1964 年 8 月 2 日

1959 年的拍攝地點和 1964 年的不太一樣。1954 年 1 月 20 日，丸之內線的池袋到御茶水區間開始通車，而延伸一站到淡路町，則是在我赴日不久前的 1956 年 3 月 20 日。1959 年的照片是從國鐵車站旁的御茶水橋往聖橋的方向拍的，右後方可以看見尼古拉堂的綠色屋頂。

石材 建材
テラゾー 大理石 鉄平石

信濃町

信濃町站（新宿區）1964 年 10 月 16 日
以東京都內的車站來説，信濃町站從那時起就一直相當精簡，不過當年正在舉辦東京奧運，車站上方因而設有「歡迎 WELCOME」的看板。車站左邊的橋是為了因應奧運，將原本分屬於路面電車與一般車道的橋梁拓寬整合而成。

BIKA
高級果実
33
8029

四谷

如果要說都電時期的四谷和現在有哪裡特別不同，我想當然就是櫛比鱗次的樓房以及拓寬的幹線道路。然而出現這種變化的不只四谷，和五十年前相比，東京各地都是如此。四谷一帶的高速公路大多位於地下，與景觀和四周被首都高速道路全盤掌控的日本橋及六本木相去甚遠。

四谷站附近（新宿區）1957 年 2 月 12 日

在上智大學的操場後面可以看見國鐵四谷站。照片裡的電車會從這裡沿著下坡駛向赤坂。

四谷見附（新宿區）1959 年 4 月 26 日

這輛都電電車剛從靖國通往市谷見附左轉，正準備在四谷見附右轉進入新宿通。這種車體在都電中屬於大型車，僅出現在新宿以東的兩個系統，一個是從銀座到月島的第 11 號系統，另一個則是從須田町到兩國的第 12 號系統。地下鐵丸之內線自新宿往東的路段會通過新宿通的地底，都電第 11、12 及 13 號系統的車站則位於更北邊，在通過國鐵軌道下方往西、朝著青梅街道延伸的大馬路旁。

3209
3

天ぷら
天ぷら
5005
12
5005
5005

飯田橋站（千代田區）1964 年 12 月 4 日
從飯田橋站的月台眺望神田川。1964 年時，公車和都電都會經過此處，都電會從這裡駛向日本橋和茅場町。如今看來，幾乎沒有高樓大廈以及首都高速道路的大片藍天著實讓人印象深刻。

神田
須田町

須田町十字路口（千代田區）1958 年 9 月 27 日

須田町（千代田區）1960 年 4 月 23 日

大型紡織品批發街坐落的神田須田町是非常適合拍攝鐵道的地點，加上這裡還有川合模型的商店，店內有各種和鐵道相關的雜誌和書刊，所以我三不五時就會造訪。須田町是都電第 38 號系統的南側終點，不過這個系統的電車不像其他系統一樣行駛於一般道路，絕大多數的路段都是獨立軌道。就好比現在行駛在獨立軌道而非一般道路的荒川線，從這一點來看，都電第 38 號系統可說是獨具一格。

專欄

東京鐵塔

由於國鐵本社和東京鐵塔距離不遠，我經常在搭乘都電時瞥見東京鐵塔的施工過程，因此當它在一九五八年年底完工以後，我也曾上去參觀。我並沒有特別喜歡高處，事實上，當在那麼高的地方往窗邊靠時，我總會不自覺地想要抓緊扶手，所以站在上面拍照對我來說真的有點困難。

不過，我之所以喜歡從高處拍照，大概是因為我也喜歡讀地圖。將自高處拍攝的照片與地圖放在一起比較，建築物與道路的配置便一目了然，格外有趣。

從東京鐵塔鳥瞰東京的街道，會覺得地圖好像隨著顏色立體浮現。放眼望去的風景與眾不同，是在地面上拍照時看不到的。

正在施工的東京鐵塔（港區）1958 年 8 月 27 日

完工的東京鐵塔（港區）
1959 年 5 月 13 日

在東京鐵塔上俯瞰（港區）
1959 年 5 月 13 日
眺望濱松町和水岸，遠處能看見東京灣，下方則是位於芝的增上寺。我盡量找可以看見外面的地方，把相機伸出去拍下了這張照片。在日本，容易有人失足的地方大多設有護欄，我記得東京鐵塔當時也禁止民眾擅自走到外面。

東京鐵塔的影子映現在街道上（港區）
1960 年 11 月 6 日

地下鐵沿線

都營淺草線淺草站附近
（台東區）
1960 年 12 月 26 日

行經都營淺草線工地的都電
（台東區）
1959 年 6 月 13 日

都營地下鐵剛開始施工時的淺草。都營淺草線和日比谷線幾乎是在同一時期施工，雖然應該只是偶然，但這兩條線都是從東北邊開始動工。日比谷線起初先開通了從北千住到人形町的區段，而淺草線最先蓋好的區段也是到人形町為止。
淺草線並不是為了奧運而蓋，而是長期計畫下的建設工程，只是當政府在決定奧運開幕之前要以哪些計畫為優先時，淺草線和日比谷線正好被排在比較前面的順位。在地下鐵施工期間，路上到處鋪著木板，木板下方則正在施工，可以看見人們踩著木板而非道路行走的樣子。

淺草

浅草駅
銀行

浅草駅

日本橋

日本橋（中央區）1957 年 4 月 5 日

日本橋（中央區）1959 年 4 月 18 日

日本橋上正在施工的首都高速道路（中央區）1963 年 1 月 24 日

1957 年拍攝的照片裡矗立著代表東海道起點的路燈（東京市道路元標），附近沒有其他較高的建築物。這座路燈是一項重要的基準點，用來測量與東京之間的距離。而在 1959 年拍攝的照片中，路燈對面開始出現高於它的建築物，雖然橋梁和身為東京公路原點的路燈都沒有變化，卻能感受到周遭正在急速變遷。到了 1963 年的照片裡，可以看見從西邊蓋過來、呈灰色的首都高速道路開始威脅到路燈的存在，不難想像在不久的將來，整座路燈將完全被遮蔽。時值東京奧運開幕前夕，行駛在都內道路與高速公路上的汽車及卡車逐年暴增，雖然代表東京起始點的路燈依舊健在，不過很快就會被首都高速道路給吞噬了。

如今被縱橫交錯的高速公路盤據的日本橋，真的是東京中心市街的理想樣貌嗎？作為東京奧運建設的項目之一，政府計劃針對日本橋附近的首都高速道路進行地下化，如此一來，日本橋這座橋梁將會重見天日，身為東京中心暨起點的路燈也會變得比現在更加耀眼——不過這項計畫真的會實現嗎？

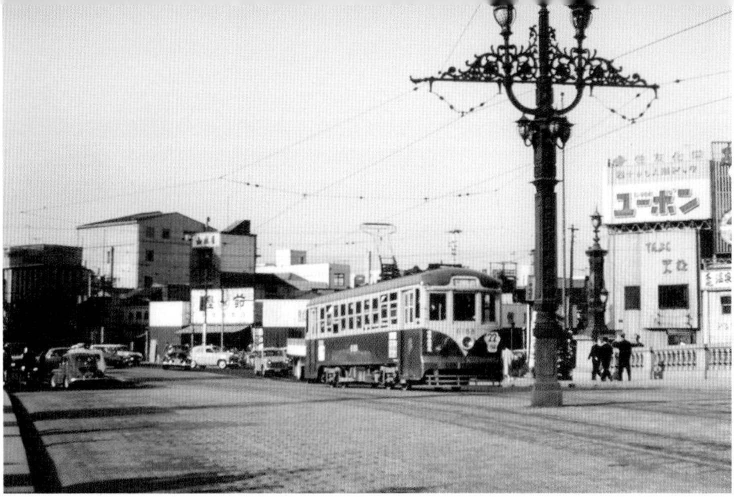
ユーボン

銀座

銀座四丁目十字路口（中央區）1959 年 6 月 28 日

來到日本以後，讓我印象特別深刻的，是東京都心洋溢著大都會特有的活力。東京——尤其是人滿為患的銀座——每個星期天都會被購物人潮擠得水洩不通，夜裡則會亮起一盞盞霓虹燈，人們齊聚一堂尋歡作樂，堪稱活力十足且魅力四射。在我剛來日本的那個年代，美國的人口都外移到能夠保有停車位的郊區，商店、餐廳以及電影院等娛樂設施為了取得附設停車場的寬廣空間也都搬到了郊外，人們下班之後同樣會回到位於郊區的家，於是 50 年代的美國逐漸失去了都市應有的活力。或許是因為這樣，東京——尤其是銀座、日本橋一帶的繁華光景，在我眼中顯得特別新鮮且充滿魅力。

溜池附近（港區）1964 年 10 月 2 日
正從溜池爬坡駛向六本木的都電。雖然如今上方有首都高速道路，但是在 1964 年還看不到半個影子。首都高速道路可說大幅改變了東京的景觀。

溜池·六本木

原赤坂（港區）1958 年 8 月

這張照片是在離赤坂見附十字路口有段距離的原赤坂一丁目附近拍的，路面電車後面的急轉彎附近就是原赤坂。路面被鑿開應該是為了興建從西銀座到新宿的丸之內線或首都高速道路，而都電旁邊看似荒廢的空地，則是新大谷飯店的建設預定地，這些事情都是我對照手邊的東京地圖後得知的。這輛都電電車前面的編號為「3」，第 3 號系統行駛於品川到飯田橋，特徵是車體小於其他都電。

日比谷

日比谷（千代田區）1962 年 11 月 4 日

從護城河前面通過的都電（千代田區）1962 年 10 月 7 日

從 1953 年開始飼養的天鵝是護城河的日常風景。雖然現在天鵝的數量變少了，都電也已經不見蹤影，總是在施工的光景卻不曾改變。

表參道的祭典（澀谷區）1962 年 9 月 4 日

參加夏日祭典的孩子們聚在一起、熱鬧歡騰的表參道。照片左手邊的車道已經修建完畢，不過人行道不但還沒鋪上路磚，也看不到像現在這樣的時髦大樓。這裡曾經是一條充斥著孩童身影的素樸街道，唯一沒有改變的，應該就只有位於照片中央、佇立在澀谷川邊的石碑吧。

青山墓地附近（港區）
1956 年 7 月 8 日

第 7 號系統連接了品川站與港區的部分地區。當時港區的這一帶還沒有地下鐵，道路則只到霞町，都電會穿過青山墓地附近寂寥的地段，往北行駛到鋪著柏油路的青山一丁目。霞町附近的老舊大樓後來被拆掉進行道路拓寬工程。如今霞町改名為西麻布，通過青山墓地的軌道則於 1969 年廢線。雖然青山墓地至今尚存，卻已經沒有空間進行拓寬，因此新的墓地都設在連路面電車也沒到過的遠處。

表參道十字路口（港區）
1963 年 9 月 22 日

與路面電車相比，公車的覆蓋率較低。當時像我一樣利用從青山通經表參道十字路口往日比谷的都電第 9 號系統，或是從澀谷經神保町往須田町的第 10 號系統的人，現在多半改搭乘銀座線、半藏門線或千代田線了吧。雖然也有例外，不過那時電車、路面電車與無軌電車的車掌都是男性，他們的主要工作是販售車票。在我剛到日本的那個年代，路面電車的車資是 10 日圓，雖然下車投幣並不麻煩，但因為車上沒有找零的機器，所以必須自己準備好零錢。如果是跟車掌買票的話，不但可以找零，而且前後門都能下車，非常方便。至於公車的車掌則由女性擔任，但是從澀谷往（我當時住的）初台的東急巴士卻是一位年輕的男性車掌，或許是因為這樣，這條路線一直到很晚都還有車。

都電左邊可以看到一幅黃色的畫畫在書店牆上，出自長期為《週刊新潮》繪製封面的谷內六郎之手，是表參道的地標。

茗荷谷－後樂園區間（文京區）1957 年 5 月 14 日
從茗荷谷駛向後樂園的丸之內線。右手邊是小石川台地。

設立後樂園站，是為了分散後樂園球場的比賽或活動結束後湧入鄰近車站的散場人潮。包含後樂園站在內的丸之內線是戰後最先興建的地下鐵，從池袋到御茶水區間率先通車（一九五四年），接著慢慢延伸至銀座，最後再從新宿往西抵達荻窪。

從戰前一直到戰爭結束，各大轉運站都可以搭乘山手線以外的路線直達東京車站、丸之內及銀座等都心地帶。從代代木和新宿可以搭中央線，從取手、松戸和上野可以搭常磐線（到一九五六年十一月為止，只有早晚的班次會從上野經由東京延伸行駛到有樂町），從澀谷可以搭銀座線，然而從當時的池袋站卻無法直達都心。我猜這應該就是戰後正式動工之所以要從丸之內線的池袋到御茶水區間開始的原因。

後樂園遊樂園附近（文京區）1961 年 10 月 29 日
從都電的後樂園前停靠站往北方眺望地下鐵丸之內線的高架橋。

專欄

新幹線試運轉

我當時在國鐵的國際部服務，每當外賓來訪時，我都會帶他們參觀新幹線，展示正在開發的設施並讓他們實際體驗。透過這層關係，我才有機會跟著國際部的職員一同前往測試現場，親眼目睹正在試運轉的新幹線。

太平洋戰爭前，日本原本計劃要蓋一條從東京通往下關的高速鐵路，可惜因為戰爭爆發而胎死腹中，但隨著時光流逝，這項計畫最後不但付諸實現，還遠遠超出了預期。因此我第一次看到新幹線時，心中充滿無限感慨，而實現這項計畫的不是身為戰勝國的美國而是日本，也讓來自美國的我感觸良多。如果沒有發生戰爭的話，新幹線完工的時間或許還可以提早十年或十五年。

在鴨宮進行試運轉的新幹線（神奈川縣小田原市）1963 年 8 月 14 日
這張照片攝於小田原的前一站鴨宮，這裡有為了試運轉而部署的設施。仔細看會發現各節車廂的窗戶形狀都不一樣，因為官方採用了多種設計，要在試運轉時選出最適合的車窗。由於已故設計技師西尾源太郎曾長年參與新幹線的設計工作，這些事情現在聽來格外有趣。試乘當時讓我印象深刻的，是車廂比現在更窄且左右各有三張座椅，幸好他們最後沒有採用這種設計，而是變成如今三加二的座位規劃。
話說回來，新幹線是世界上第一條高速鐵路，在此之前，沒有哪個國家擁有這樣的交通工具。雖然法國的 TGV（按：法國高速列車）緊追在後，不過我們的新幹線依然遙遙領先。事實上，新幹線目前仍不斷改良。近年來，「希望號」等列車雖然提升了行駛速度，噪音問題卻隨之而來，為了降低噪音，除了窗戶以外，技師們也試著調整了集電弓的形狀等，新幹線可說至今依舊持續進化。

新幹線啟用前一天的東京車站（東京都千代田區）1964 年 9 月 30 日
這是新幹線啟用前一天的東京車站，我剛好拍到樂隊正在為明天的開幕典禮排練的樣子。當時工作人員很可能正準備把過去在來線特急列車「燕子號」和「回音號」使用的標誌改成新幹線「光號」。

在靜岡站觀賞試運轉的民眾（靜岡縣靜岡市）1964 年 7 月 25 日

新幹線在通車之前首次招待一般民眾試乘時，我也受到了邀請，因此帶著太太以及從加州來的友人前往豐橋參加。由於當時軌道還不太穩定，所以國鐵方面也相當謹慎，從東京開到新大阪總共花了十六個小時，甚至連在來線都比它快。不過，國鐵後來一邊評估安全性，一邊慢慢提升速度，最後成功將原訂四小時到新大阪的車程縮短了一個小時，變成三小時。

這趟招待一般民眾試乘的班次所行駛的新設鐵軌會高於靜岡站東海道線上方的陸橋，得知消息的當地居民為了一睹夢幻的高速列車——新幹線的風采而聚集在橋上的模樣讓我印象深刻，而這張照片正是當時的情景。

私鐵沿線

明大前站（世田谷區）1959 年 5 月 2 日

5 月的明大前站有美麗的杜鵑花恣意綻放，可以在這裡搭乘京王線以及井之頭線。這張照片是在井之頭線靠澀谷側的月台拍的。

明大前

笹塚站（澀谷區）1960 年 8 月
我剛結婚時住在初台，後來搬到下高井戶，從那裡到當時位於東府中的美國空軍總部上班，因此我搭的下行列車與擠滿通勤族的上行列車方向相反，往都心的上行月台總是人滿為患。

笹塚

調布站（調布市）1963 年 3 月 13 日

調布站雖然勉強算得上有座屋頂，卻不足以為乘客遮雪擋雨。京王線還是路面電車的時代，會從新宿的路面車站駛向郊外，雖然站體逐步改良，但從當時的模樣看來，結構依然遷就於路面電車。站方可能沒想過乘客在惡劣的天氣裡等車時，有座屋頂會好很多。

中目黑站周邊（目黑區）1956 年 7 月 28 日

這是 1964 年尚未建設日比谷線的東橫線中目黑站，架高的軌道是為了跨越目黑川以及現在的山手通。當時的山手通遠比現在窄得多，我想這條路應該在東橫線施工的 1926 年到 1927 年左右就已經存在，因此軌道才會從它和目黑川的上方通過。這張照片是站在月台角落面對澀谷的方向拍的。

中目黑

學藝大學站（目黑區）1963 年 11 月 10 日

東橫線的高架化以各區間為單位分段進行，然而這項工程即使到了現在仍不算完工。在東橫線的高架鐵路當中，與目黑線匯合的武藏小杉到日吉區間讓我印象最深刻。當初日蒲線要從田園調布延伸到日吉時，為了避免兩條線撞在一起，才會計劃增設軌道。雖然田園調布到武藏小杉區間的擴線工程順利完工，在武藏小杉之後的路線卻因東急公司所持有的土地不足以擴線，所以只能改為兩層式結構，也就是在既有的軌道上方架設另一條鐵軌。行駛於上方的東橫線與其他地區一樣是高架鐵路，而當初與地面等高的軌道目前則屬於目黑線。

學藝大學

三軒茶屋十字路口（世田谷區）1964 年 2 月 16 日

這張照片是我為了拍攝造型特殊、被稱為「毛毛蟲」的玉電而前往三軒茶屋拍的。我原本只打算拍毛毛蟲而已，但前面的汽車卻在我按下快門的瞬間闖入了畫面，突如其來的插曲讓我來不及反應。不過多虧了這輛車，這張照片後來才會被收錄在攝影集《昭和 30 年代有交通工具的風景》中——所謂的人生，果真是塞翁失馬，焉知非福呢！

三軒茶屋

二子
玉川

二子玉川鐵橋附近（世田谷區）1964 年 2 月 16 日

二子玉川的站名和月台位置曾經改過好幾次，二子玉川園和二子玉川指的是同一座車站。雖然照片裡的橋梁現在還在，但卻拆除了鐵軌，改成雙線道的車道與步道。附近新蓋了另一座橋，同樣屬於一般道路。那麼，鐵道到哪兒去了呢？目前有一座電車專用的鐵橋，上方設有四條鐵軌，其中兩條屬大井町線，另外兩條則屬田園都市線。

砧線沿線（世田谷區）1959 年 4 月 26 日

這張照片裡的砧線在 1924 年 3 月 1 日正式啟用，並於 1969 年 5 月 10 日結束營業，且停業的時間與玉電本線廢線在同一天。砧線為全長 2.2 公里的單線鐵路，只有一節車廂的電車來往於砧站（1961 年改名為砧本村站）與二子玉川園站之間。我曾經來過這裡好幾次，當時看到的電車編號是 63 號。1961 年啟用的新站名（砧本村站）完美體現了這一帶當時悠然閒適的田園風光。這輛洋溢著在地氣息的路面電車串連起當地人與大井町線、玉電等外在世界。雖然我不確定拍下這張照片的正確位置，不過畫面前方應該是一片水田沒錯。

3522
1
溝ノ口
大井町

專欄

東京的孩子們

小孩子在面對鏡頭的時候總是會很自然地擺好姿勢。

我的目光之所以會追尋著這些孩子，是因為電車或路面電車也融入了他們的生活場景。

京王閣（調布市）1962 年 5 月 6 日

這是參考建設新幹線之前的在來線特急列車「回音號」所設計的鐵道遊樂設施，現在已經沒有人會玩了吧。這類專為兒童設計的電車模型當時在遊樂園很受歡迎，我記得向丘遊樂園也有類似的電車。但這種設施如今是否已經隨著時代的演進而消失了呢？

學習院下（豐島區）1957 年 2 月 12 日

有個小朋友把耳朵貼在鐵軌上，不知道現在的小孩還會不會玩這樣的遊戲。這張照片拍攝於現在的荒川線，當時孩子們可以任意走到軌道上，但往往因為太危險而被大人制止。日本的電車是靠左行駛的，所以後方的列車當然已經通過孩子們站的地方逐漸遠去，但由於許多歐洲國家與北美洲的電車都是靠右行駛，因此這些國家的人要是看到這張照片八成會捏一把冷汗吧。

代官山（澀谷區）1960 年 10 月 30 日

電車與孩子們的生活密不可分，不論是我還是他們，都喜歡像這樣津津有味地看著電車經過。以前的孩子只要一搭上電車就會緊緊盯著窗外的風景，看也看不膩；現在卻有很多小孩一旦沒了手機，就不知道如何打發時間。而坐在電車上確實可以窺見人們的日常生活。

東京東部・島部

曳舟

曳舟站附近（墨田區）
1959 年 6 月 13 日

這張照片沒有拍到曳舟站。軌道旁的小屋（平交道小屋）是平交道管理員在沒有電車通過的時候坐下來休息的地方。所謂的平交道管理員，是負責轉動滾輪、起降柵欄的人。當時的柵欄是使用金屬纜線或繩索製成的，沒有現代的自動化系統，必須靠人力操作。雖然這裡如今已變成高架鐵路，但是附近還留有幾處平交道，其中絕大多數位於曳舟到龜戶的支線上。

押上站附近（墨田區）1958 年 8 月 2 日

這張照片拍攝於目前被稱為晴空塔線的東武伊勢崎線，拍攝地點則靠近押上站東側、東武及京成鐵道並行的地方。東京和大阪的私鐵大多在建設時就已經是電氣化鐵路，然而東武當初創業的第一條路線卻是從龜戶北上的蒸汽火車。龜戶到曳舟的路段如今變成來回行駛的支線，貨物列車則在幾年後以晴空塔目前所在的業平橋作為起點。雖然蒸汽火車逐漸被電力機車取代，從葛生北部到葛生貨倉的石灰岩運輸線卻長期使用蒸汽火車，只是這條路線如今也消失無蹤了。

東武鐵道的東上線也有以蒸汽為動力的貨物列車，我記得自己在 50 年代末期還曾親眼看過。沒記錯的話，東武的蒸汽火車原本是由英國設計的帝國政府專用列車，後來隨著規模逐漸擴大才被賣給東武。

押上

永代橋（中央區）1963 年 1 月 20 日

這片景色洋溢著濃厚的亞洲風情。就好比在曼谷，搭載居民與貨物的船隻往來於昭披耶河，在道路、鐵道與市區的路面電車出現以前，運河便是人們主要的交通運輸通道，然而這樣的情況並不局限於亞洲地區。昔日的威尼斯位於強國的中心地帶，當地的運河也並非僅供旅客使用。就像許多歐洲城市一樣，名古屋和大阪因為地勢平坦所以適合建設運河。但我拍下這張照片並不是為了探討運河有多麼寬闊，也和電車及路面電車沒有直接關聯，只是單純覺得這樣的畫面相當有趣。

永代橋

業平橋附近（墨田區）1958 年 8 月 2 日
這些或許正是水上居民的船隻吧？

業平橋

三輪橋（荒川區）1961 年 8 月

「王電入口」的「王電」兩字，是王子電氣軌道的簡稱。現在的都電荒川線便是以這條王電的軌道為基礎，沿線有洋溢著復古風情的荒川遊樂園，從前也是由王電經營。這條路面電車路線即使在 1942 年被後來的都電接手，仍然以「王電」這個名號為人所知。照片中的梅澤寫真會館大樓是建於 1927 年的舊王電本社大樓。

志村橋附近（板橋區）1962 年 7 月 22 日

都電第 41 號系統先從中山道的巢鴨坂前通往志村坂前，再經由 1955 年新落成的雙線鐵路開往志村橋。車頭上方顯示的目的地是「巢鴨」，因此這張照片很可能是我從志村橋前往巢鴨的途中或是在斜坡上拍的。戰後初期東京的路面電車總共有第 1 號到第 40 號線，全長 3.2 公里、與其他路線毫無交集的荒川路線（第 26 號線）於 1952 年廢線，同路段在三年後改由無軌列車行駛，而「41」這個數字代表它是在原本的四十條路線之外新增的路線。附帶一提，現存的荒川線則是由當時的第 32 號線加上第 27 號線的東側軌道組合而成。

板橋

正要去修復通行步道的女性（大島町）1960 年 2 月 21 日
雖然看不清楚，不過她們其實將砂礫之類的東西頂在頭上。

三原山的馬廄和馬（大島町）1960 年 2 月 22 日
馬匹正等待著要前往火山口的觀光客。由於公車只能開到這裡，觀光客必須徒步或騎馬前往山頂。

岡田港的牛頭巴士與一層樓的店家（大島町）1960 年 2 月 22 日
這天因為風浪太大，船隻沒有在原本的目的地靠岸，而是帶我來到岡田港。林立的平房以及正要爬坡的牛頭巴士剛好形成不錯的構圖，我因此按下了快門。這一帶沒有高樓，放眼望去，大海一覽無遺。

椿油
みなと食堂

專欄

颱風過境

伊勢灣颱風過境兩個月後的彌富站附近（愛知縣彌富市）1959 年 11 月 25 日

這兩張照片是伊勢灣颱風（按：薇拉颱風）過境約兩個月之後，我從名古屋開往新宮的特急列車上拍的。國鐵在兩個月後總算修復通車，但並行的近鐵（按：近畿日本鐵道）卻依然停駛。姑且不論彌富站，照片中的這一帶因為低於海平面而災情慘重。這個時期的近鐵正在進行軌距變更，準備開通不用換車就能從大阪直達名古屋的特急列車（當時要從名古屋前往大阪必須在伊勢中川換車），然而由於受到颱風侵襲，加上災後的重建工作，使得近鐵的計畫不得不大幅調整。

登戸（神奈川縣川崎市）1958 年 9 月 28 日

這張照片是狩野川颱風（按：艾達颱風）過境隔天的登戶一帶。多摩川沿岸的家家戶戶正在收拾風災後的殘局，鐵軌旁成排的三角形物體就是榻榻米。本來不應該被弄濕的家當卻大量泡水，於是需要一個寬敞的空地來晾乾，然而地狹人稠的日本沒有足夠的空間，要說哪裡可以晒的話……對了，就晒在車站前面吧！因為那天的天氣很好，所以我帶著相機上街，剛過境的颱風造就了萬里無雲的藍天，拜這樣的好天氣所賜，我成功拍下人們在颱風過境後掃除的模樣。當時只要颱風或洪水過後，往往可以看到民眾把榻榻米或家當晒在軌道兩旁。

各地篇

北海道　東北地方
北陸地方　關東地方
中部・東海地方
近畿地方　中國地方
四國地方　九州地方

北海道

我是分別在一九五七、一九五九以及一九六一年前往北海道，等於每隔兩年就會去一次。第一次是為期兩個月左右的日本國內旅遊，我停留在北海道的時間僅有短短四天，北上最遠只到旭川而已。因此在一九五九年再度造訪時，為了飽覽層雲峽、屈斜路湖與摩周湖等壯闊的自然景觀，我一共安排了九天的行程。除了美麗的自然風光以外，我還目睹了在煤礦村、漁村以及農村辛勤勞動的人們。這是只有搭乘地方支線或簡易軌道才能見到的光景，對我來說，這才是北海道的真實樣貌。

至於一九六一年那次，因為已經結婚了，所以我是帶著太太一起去的，那是靜岡出生的她初次踏上北海道。當時北海道除了札幌的商業區以外，其他地方的馬路幾乎都沒有鋪設柏油，不過對於有鐵道或路面電車的地方來說，即使沒鋪柏油也不會影響交通。然而，在從道南的樣似經由襟裳岬前往帶廣前面的廣尾時，我們搭的公車在崎嶇的砂石路上顛簸了超過三個半小時。開在砂石路上的除了公車以外就只有卡車，不但看不到一般轎車，甚至有馬車夾雜在卡車之間。

我當時覺得札幌很像美國的鄉下城鎮，道路筆直又寬闊，卻只有極少數的地段鋪了柏油，路邊的房舍也都小小的。雖然我待在東京時曾真心佩服日本人能夠將土地利用到極致、毫不浪費，不過北海道卻是個例外。

薄野（北海道札幌市）
1959年8月2日

北大周邊（北海道札幌市）
1959 年 8 月 2 日
離開鬧區後，地面上鋪設的柏油也沒了。照片中正在行駛的是罕見的路面型柴聯車。

谷地頭（北海道函館市）
1959 年 7 月 25 日

釣魚和海水浴（北海道函館市）
1959 年 7 月 25 日

谷地頭是函館路面電車的終點，如果從這裡搭路面電車前往港口，停靠站就在港口旁邊而已。從眼前的光景可見代步的路面電車及漁港對當地的重要性。由於漁港會飄散出魚腥味，就算不看地圖，用聞的也可以馬上找到。

札幌市區（北海道）
1957 年 5 月 24 日
灑水車是夏天特有的景物，冬天則因為道路全被白雪覆蓋而無用武之地。由於夏季才會出現，所以車體也是清涼的水藍色。

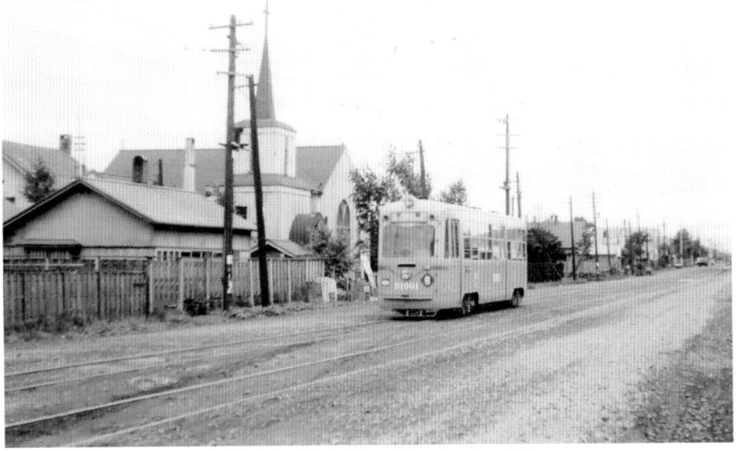

526

きたはま

野山

根室市（北海道）
1959 年 7 月 30 日
根室是一座寧靜祥和的城鎮。婦女在海岸邊散步，左側則有馬車正要通過，呈現一派悠閒自在的漁村風景。

北濱站（北海道網走市）
1959 年 7 月 27 日
穿著木屐的學生，可能是大學生吧。

上川町（北海道）
1959 年 7 月 27 日
鄰近層雲峽的上川木材放置場。

厚床站（北海道根室市）1959 年 7 月 30 日
從根室前往釧路途中會經過的厚床站。當時北海道的步調十分緩慢，我還可以下車拍下背著兜售用竹簍或穿著連身裙的女性乘客後，再回到車上繼續旅行。

釧路市（北海道）1959 年 7 月 31 日
主要街道無比寬敞的釧路市區。這裡不僅車多，大部分的公車和建築物也都相當氣派。從根室來到釧路，會覺得這裡儼然是個大都會。

專欄

晒棉被和衣服的風景

大家會在放晴的時候把棉被和衣服晒在室外，我則會在天氣晴朗的時候外出攝影，結果照片裡不管怎樣都會有衣服或棉被入鏡，但這就是日本人的日常生活，可說司空見慣。

美國的鐵軌和住家之間不像日本這麼靠近，因此就算要在柵欄上晒東西，也是晒在自家的柵欄。可是日本既沒有足夠的空間，鐵道和住家又靠得很近，所以才會這般物盡其用。日本人將土地利用得非常徹底。一九五七年六月，回美國的我在從華盛頓前往紐約途中，還因為看見鐵軌與馬路之間完全不作任何利用的

神之木站附近（大阪府大阪市）
1956 年 10 月

外川站（千葉縣銚子市）
1963 年 12 月 28 日

大片土地而嚇了一跳。從珍惜寸土寸金的國家回到祖國以後，我總忍不住驚訝美國人這麼浪費土地。

東一宮站附近（愛知縣一宮市）1958 年 9 月 21 日

澀谷站附近（東京都澀谷區）1957 年 4 月 5 日

東北地方

青森

青森灣（青森縣）1959 年 7 月 25 日

柳澤站（青森縣上北郡六戶町）1961 年 1 月 7 日

從美軍基地所在的三澤站（當時稱為古間木站）搭乘十和田觀光電鐵的話，下下一站就是柳澤站。當時我為了工作前往三澤，卻遇到天候不佳導致飛機停飛，反倒因此得以在參觀地方支線時拍下了柳澤的時刻表。我覺得這張時刻表做得很棒，雖然在泰國也看過風格類似的時刻表，不過實際拍到照片的只有這張，實在很後悔那時沒拍下泰國的時刻表作紀念。這條鐵路在開通當時的起迄站分別是古間木站以及三本木站，後來古間木站改名為三澤站，三本木站則改名為十和田市站。從戰前就開始營運的這條地方支線在 1970 年左右是鼎盛時期，後來慢慢流失觀光客，最後在 2012 年正式廢線。

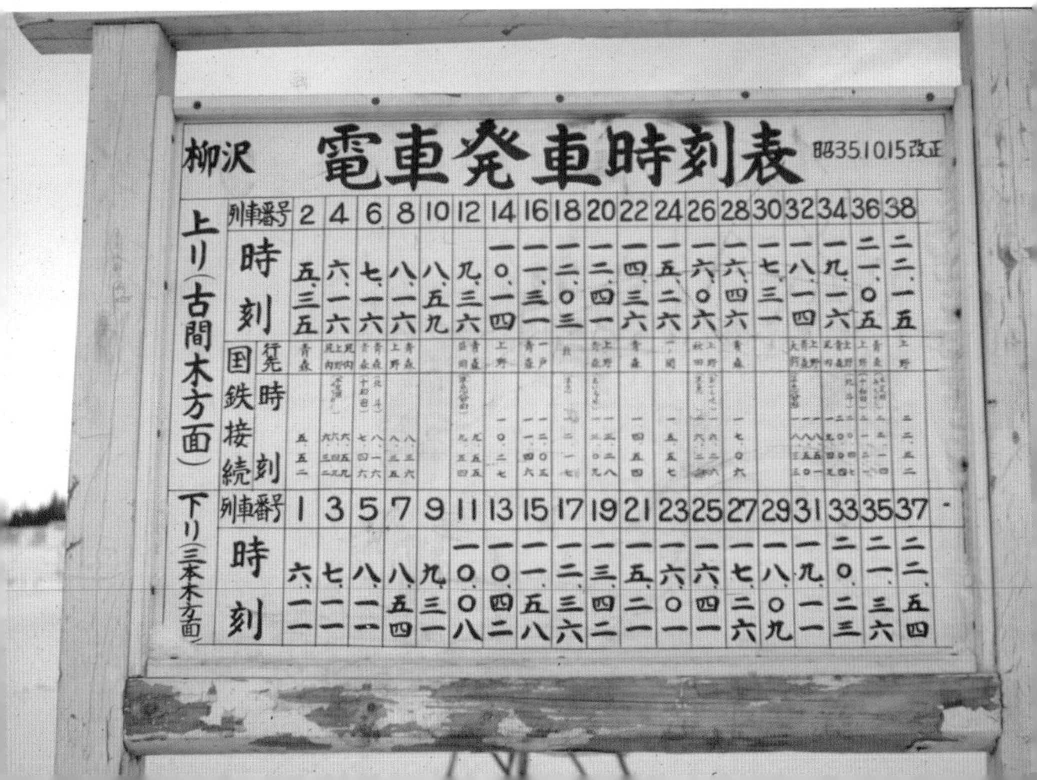
柳沢
電車発車時刻表
昭35.10.15改正
上り（古間木方面）
列車番号
時刻
2 五、三五
4 六、一六
6 七、一六
8 八、一六
10 八、五九
12 九、三六
14 一〇、一四
16 一一、三一
18 一二、〇三
20 一二、四一
22 一四、三六
24 一五、二六
26 一六、〇六
28 一六、四六
30 一七、三一
32 一八、一四
34 一九、一六
36 二一、〇五
38 二二、一五
国鉄接続
行先
時刻
下り（三本木方面）
列車番号
時刻
1 六、二一
3 七、二一
5 八、二一
7 八、五四
9 九、三一
11 一〇、〇八
13 一〇、四二
15 一一、五八
17 一二、三六
19 一三、四二
21 一五、二一
23 一六、〇一
25 一六、四一
27 一七、二六
29 一八、〇九
31 一九、一一
33 二〇、二三
35 二一、三六
37 二二、五四

駛出青森港的青函連絡船（青森縣青森市）1961 年 7 月 14 日
大家拿在手裡的彩帶在渡輪離開青森港前往函館後便紛紛落入大海。對面拿著彩帶的似乎是一群來替朋友送行的學生。青函連絡船如今雖然已被青函隧道取代，但目前仍有兩間公司經營著來往於青森及函館間的渡輪，另外也還有其他幾艘渡輪連接本州其他港口與北海道。

AGURIKO 站（秋田縣雄勝郡）1961 年 10 月 8 日

AGURIKO 站的這片風景是我很喜歡的景色之一。我在第一次前往秋田時知道了這座車站，印象中這裡很適合拍照，所以二度造訪時便再次前往攝影。由於當時這個地區提供給電車的電力不太夠，導致車輛的行進速度相當緩慢，因此我才能在拍完電車進站的畫面之後走回月台，順利搭車返回湯澤。因為每隔兩到三個小時才有一班車，所以能夠在拍完照以後回到車上可是非常重要的。

秋田

秋田站前（秋田縣秋田市）1957 年 5 月 26 日

土崎站附近（秋田縣秋田市）1957 年 5 月 26 日

我前往秋田是為了一睹穿梭在市區的秋田市電。從秋田站到土崎港區間的悠閒鐵道會行經農村地帶，但由於土崎港附近有一座煉油廠，因此途中還可以看到日本少見的油井。

我是在密西根湖的湖畔長大的，還曾經待過阿拉斯加的安克拉治，因此在冬季的日本前往東北的雪國，對我來說根本不以為苦。不過，我倒還不曾體驗過冬天的北海道。

我查閱了手邊昭和三十一年（按：一九五六年）的鐵路時刻表，發現當時從花卷到西鉛溫泉要花七十四分鐘，而現在從花卷站搭公車的話，車程大約只要三十五分鐘。雖然道路的整頓和鋪裝成功縮短了交通時間，但從另一方面看來，這些工程也讓各地的道路變得大同小異，喪失了原有的獨特氛圍。

岩手

花卷電鐵的西公園站附近（岩手縣花卷市）
1965 年 1 月 23 日
這天的雪積得很深，路面電車只得停駛在終點前一站的鉛溫泉。

鉛溫泉周邊（岩手縣花卷市）1965 年 1 月 23 日

車體小巧的路面電車行駛在擁有道地日本風情的溫泉鄉狹窄的軌道上。由於當時的馬路尚未鋪設柏油，路面在下雪的時候比較平整且不易打滑，或許因為這樣，人們就算剷雪也不會鏟到露出地面。

花卷溫泉周邊（岩手縣）1965 年 1 月 23 日
被皚皚白雪覆蓋的花卷。連結花卷與西鉛、大澤溫泉等地的路面電車載著當地居民緩緩前進。我很喜歡溫泉鄉以及小型路面電車的獨特氛圍，因此曾數次造訪這裡。

サンセイ
ハンダイ

山形

湯野濱溫泉（山形縣鶴岡市）
1957 年 5 月 26 日

湯野濱是一處位在沿海地區的溫泉鄉。如果是在幾個月後的暑假期間去，或許能拍到熱鬧一點的景象，可惜這張主要街道的照片因為正值淡季且飄著細雨而略顯寂寥。清幽的街上，只有遠處的公車才感覺得到些許人煙，前面那條應該是流浪狗的小狗看起來絲毫不在意公車。雖然路上掛著「贊成」及「反對」的布條，但我並不知道是為了什麼樣的訴求。

宮城

東北大學醫院附近（宮城縣仙台市）1965 年 1 月 24 日

仙台站前（宮城縣）1957 年 5 月 18 日

仙台市在 1960 年一共有 85 輛路面電車，雖然在軌道的設計或旅客服務上並沒有什麼特別之處，但自 1957 年啟用的車體是由綠色和紫色組成的，我在日本或國外都不曾見過這麼鮮豔的配色。

福島市市中心（福島縣）1959 年 9 月 7 日
福島的路面電車車身很窄，甚至比行駛在旁邊的公車還要窄。但在經過伊達町和保原町以後，我就明白為什麼車身要設計得這麼窄了。

飯坂溫泉（福島縣福島市）1963 年 12 月 22 日
雖然飯坂溫泉是曾經在《奧之細道》登場的古老溫泉，但這條從伊達延伸到飯坂溫泉乃至湯野溫泉的支線（飯坂東線，前身為福島電氣鐵道），似乎沒有多少旅客搭乘。

專欄

東日本的孩子們

現在的小孩就算天氣好的時候也很少出門，但以前可是經常看到孩子們在外頭玩耍的身影。

雖然對他們來說有點危險，但鐵道周圍正是一座絕佳的遊樂場。駕駛員應該也很清楚這一點，所以在駕駛的時候會特別小心。

城山站（釧路臨港鐵道，北海道釧路市）
1959 年 7 月 29 日

燕（新潟縣）1957 年 2 月 10 日
這是我在 1957 年第一次到新潟旅遊時所拍下的照片。我趁著在彌彥線的燕站轉車的空檔到街上散步，因而遇到了這群孩子，即使在陰冷的冬日，他們依然朝氣蓬勃地玩耍。

燕（新潟縣）1957 年 2 月 10 日
一群小學生在新潟交通公司的軌道旁玩耍，駕駛在經過這一帶的時候都會放慢速度。

北輕井澤（群馬縣）
1957 年 5 月 15 日
正巧和我搭同一班車的孩子們。當時在日本總可以看到孩童像這樣一起搭車，但在美國可是難得一見。雖然我曾在去華盛頓出差時，看到放假的學生們搭乘校車到首都參觀，但是學生成群結隊搭車的情況並不多見。

梁川町（福島縣伊達市）1965 年 1 月 24 日
最近已經很少看到騎腳踏車雙載的人了。

上水戶（茨城縣）1960 年 5 月 30 日
下了課的小學生走在有蒸汽火車、電車、柴聯車等各式車種通過的上水戶鐵道旁，男生們則戴著學生帽。

北陸地方

新潟

栃尾（新潟縣）1957 年 2 月 9 日

這張照片是初次到新潟旅行時拍的。我利用 2 月的週末去觀賞輕便鐵道與路面電車，回程則搭晚上 10 點從新潟發車的準急臥鋪列車，抵達上野已經是隔天早上 5 點 40 分了。當時的臥鋪列車已不復存在，而且如今搭乘上越新幹線回東京也只要兩個小時左右。

石川

金澤　兼六園旁（石川縣）1957 年 5 月 31 日
不見車流的兼六園旁。金澤市區大多保留著從前的景觀，到處都有彎彎曲曲的羊腸小徑。

輪島市三井町（石川縣）
1964 年 8 月 4 日

從中橋往大野港方向，畝田站（石川縣）
1957 年 6 月 1 日

金澤站前（石川縣）
1964 年 8 月 5 日
遠方可以看到改建前的金澤車站。

富山

富山站附近（富山縣）1957 年 5 月 31 日
車距近到讓人擔心會不會撞在一起的三台路面電車。這種小型車是由非常熟悉減速的時機與方法並安全停靠的專業駕駛操作的，當時車上有車掌負責售票和收取車資，所以駕駛員可以專心開車。

富山站前（富山縣）1964 年 8 月 5 日
富山站後來因為持續進行擴建工程而變得截然不同。包含調整在來線的位置在內，相關單位想必擬定了長期的施工計畫。

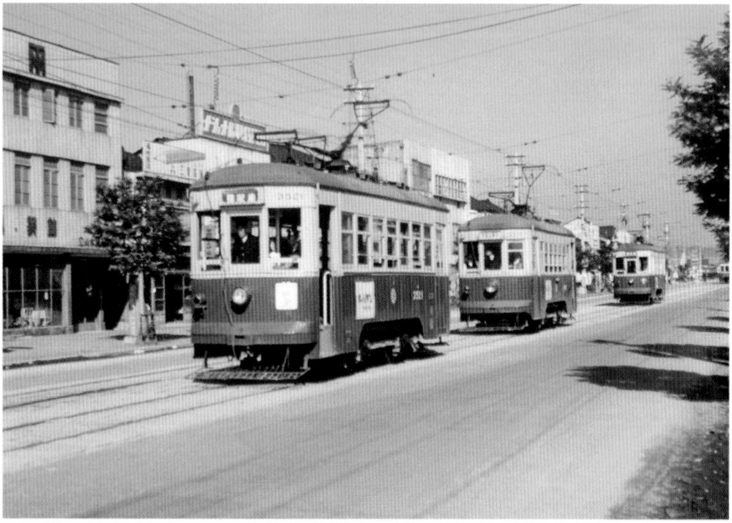

福井

福井站附近（福井縣）1964 年 5 月 29 日
駛向福井站的路面電車。

專欄

漁夫們

宍道湖的捕蜆船（島根縣）
1957 年 4 月 22 日
宍道湖畔濃霧籠罩的早晨。

大洗　魚乾及海岸（茨城縣）
1956 年 11 月
可以看到有人在岸邊晒魚乾。

片貝（千葉縣）1959 年 8 月 22 日

我到片貝原本是為了拍攝輕便鐵道，卻不管在哪裡都可以發現鐵道之外的有趣風景，這張照片也是其中之一。捕魚回來之後，把船拉上岸的漁夫們正在整理漁網。我記得那天非常炎熱。

日御碕（島根縣）1962 年 6 月 1 日

攝於以黑尾鷗的繁殖地而聞名的日御碕。仔細看會發現海鳥覆蓋了整座岩石，至於在前方勞動的人應該不是漁夫，而是一群婦女。

函館（北海道）1959 年 7 月 25 日

即使沒有地圖，光用聞的應該也可以走到這裡，畢竟魚腥味實在很重。雖然現在都是用機器烘乾，但當時是像這樣在陽光下曝晒，因此附近充斥著濃濃的魷魚腥味。我以前待過的聖地牙哥也有魷魚料理，不過那邊的人是直接煮，像這樣晒乾的很少見。

關東地方

栃木

中禪寺湖（栃木縣）1958 年 8 月 10 日
放暑假的孩子們在中禪寺湖嬉戲玩耍，或許正在進行校外教學。

伊呂波坂（栃木縣）1958 年 11 月 23 日

伊呂波坂（栃木縣）1963 年 10 月 20 日

即使到了 1963 年，秋天的伊呂波坂還是像照片裡一樣車滿為患。當時大家只要一買車，就會想要走一趟伊呂波坂。

神橋停靠站附近（栃木縣）1963 年 10 月 20 日
早晨的日光街景。雖然正值賞楓時節，但或許是因為時間還早，路上人影稀疏。

水上附近（群馬縣）1964 年 12 月 12 日
這是我搭乘上越線去參觀越後中里附近的鐵路工程時從車窗拍下的照片。從展線上朝著湯檜曾站的方向望去，厚厚的白雪覆蓋了水上一帶。

草津電氣鐵道上州三原站（群馬縣）
1957 年 5 月 15 日
由電力機車牽引的列車剛剛開走，孩子們要等它折返回來才能上車。電力機車並不是旅客專用的，貨物列車也會使用這種車頭。

高崎（群馬縣）1959 年 12 月 25 日
從高崎遠眺淺間山。

草津（群馬縣）
1957 年 5 月 15 日
從草津電鐵的車站眺望草津町。

群馬

2

水戶站附近（茨城縣）1956 年 12 月
這是我在 1956 年初次造訪水戶時，在水戶站前面拍下的照片。路面電車會從這裡爬坡前往市中心。即使想搭車，車上也早就載滿了人，因此只能選擇徒步爬坡、等下一班車或是攀在車廂外面，當時會出現這樣的情況也是迫不得已的。不過車上畢竟人滿為患，上坡的時候也只能慢慢前進。

上水戶（茨城縣水戶市）
1956 年 12 月 3 日
在車門的地方掛著梯子。

從偕樂園遠眺的風景（茨城縣水戶市）
1960 年 5 月 29 日
當時不那麼寬的幹線道路鮮少來車，舒適宜人。照片裡的是從偕樂園往東京方向的國道 6 號，整頓過的道路非常平坦，可以享受兜風的樂趣。

茨城

東海村（茨城縣）1959 年 7 月 19 日

東海村（茨城縣）1960 年 5 月 29 日

我曾經兩度造訪東海村，第一次是在 1959 年，第二次是在 1960 年初夏。我記得兩次都是為了考察最新技術。

千葉

片貝（千葉縣）1959 年 8 月 22 日
載著從海邊回來的乘客駛向東金站的九十九里鐵道，軌道一路上都非常平緩。

上總片貝站（千葉縣）1959 年 8 月 22 日
這條從東金通往片貝海岸的小型鐵道有女車掌，替片貝車站的電車水箱加水也是車掌的職責。雖然我不記得是誰負責幫電車轉向，不過很可能和釧路的情況一樣，是由女車掌及男駕駛分工合作。

埼玉

熊谷（埼玉縣）
1962 年 7 月 22 日
巧遇在 7 月下旬舉辦的團扇祭而拍下的照片。

長瀞（埼玉縣）
1959 年 4 月 25 日
長瀞農村悠閒的牛耕風景。

川崎市區（神奈川縣）1956 年 6 月 15 日

第一次坐上京急電車時，我就覺得它加速的時間很短，這樣的感覺至今沒變。當時即使在鐵道沿線，橫濱南側也還是一片農村風景，川崎卻已經是人潮熙來攘往的大都會了。

神奈川

扇町站（神奈川縣川崎市）1960 年 11 月 20 日
當時的車站為木造建築，現在據說已經變成無人車站。

橫濱站（神奈川縣）1963 年 9 月 7 日
橫濱車站大樓正好在一年前左右正式啟用。

腰越（神奈川縣）1956 年 7 月

腰越站附近（神奈川縣）
1962 年 8 月 22 日

就路面電車的安全性來說，我對江之電的江之島到腰越區間不禁抱持著疑問——尤其是第一次在週末來到這裡的小客車駕駛，很可能會在不曉得必須讓道給路面電車的情況下把車開上軌道。幸虧江之電的駕駛員對於這樣的情況瞭若指掌，因此他們會用非常慢的速度通過這個區間，或是在對方不讓道的時候鳴笛示警。

106

城島（神奈川縣）1960 年 5 月 21 日
對岸可以看到三崎的儲油槽。

鎌倉大佛（神奈川縣）1957 年 4 月 3 日
赴日之前我就已經研究過鎌倉及當地的歷史了，為了加深日本文化的造詣，我在這裡首先參觀的是鶴岡八幡宮、大佛和長谷觀音。

箱根　十國峠（靜岡縣）1960 年 1 月 31 日

照片右下角的黑色轎車是我的車。我於 1957 年結束了在日本的第一份工作，回到美國後買了第一輛車，畢竟當時作夢都沒想到自己會在一年後重返日本，為了方便代步，才買下這部以當時的美國車來說算是相當小巧的車。因為覺得賣掉也不太妥當，所以後來就帶著它一起回到日本就職。眾所皆知，美國是靠右行駛，因此在日本開車需要花點時間習慣，話雖如此，我也的確開著這輛車跑遍了日本各地。

專欄　農務

因為來自以大規模機械化農業為標準型態的美國，我對日本農業的印象比較接近那種會出貨到市場的家庭菜園。由於平坦的土地相當稀少，日本無法像美國一樣實施機械化耕作。不過，我在赴日之前就看過叔公的《最新日本地圖》（一九〇八年出版），也自行查閱過資料，事先做了各種調查，早就知道日本是一個山多平地少的國家，因此親眼看到日本農家的時候並沒有特別驚訝，只是覺得與進步的鐵路技術等相比，農業的發展倒是十分緩慢。

從修善寺往三島途中會經過的大場一帶（靜岡縣）
1958 年 12 月 13 日

長野縣　1959 年（細節不詳）

從北惠那鐵道遠眺（岐阜縣）
1962 年 3 月 10 日

飯田（長野縣）1964 年 7 月 11 日
遠方可以看到天龍川。我從飯田線列車的車窗拍下了這張照片。

山梨

中部・東海地方

甲府（山梨縣）1962 年 1 月
在路邊更換榻榻米。

山中湖（山梨縣）1961 年 2 月
在冰上垂釣的男子。

樋之澤站（長野縣）1956 年 8 月 6 日

上田丸子電鐵的真田線電車後面拖著堆滿木材的工程列車，這輛電車也經常用來運送當地採收的蘋果等農作物。上田站還有另一條同樣由上田丸子電鐵經營的別所線，不過這兩條線的月台卻隔著國鐵上田站，構造很奇特。

傍陽（長野縣）1959 年 12 月 26 日

人們走在木橋上。這裡名為傍陽村，是真田傍陽線的支線終點。

岐阜

國鐵岐阜站前（岐阜縣）1957 年 4 月 8 日
尚未興建高樓的岐阜站前。大約從 1946 年開始，這裡便以自滿洲遣返回國的日本人為中心形成販售二手衣等物品的哈爾濱街，在 1948 年左右出現市場及消費合作社，變成一條批發商店街。

大垣－米原區間（岐阜縣）1959 年 11 月 29 日

黃瀨川（靜岡縣）1958 年 12 月 13 日
在橫跨黃瀨川的木橋上行駛的伊豆箱根鐵道軌道線，後面可以看見富士山。

靜岡

下田市伊勢町（靜岡縣）1961 年 5 月 18 日
我在伊豆急行線開通前進行的下田之旅，是從伊東搭公車在凹凸不平的道路上顛簸兩個小時的克難旅程。照片中的星條旗與太陽旗，是為了紀念黑船入港及日本開國的「黑船祭」裝飾品。

大井川（靜岡縣）1961 年 4 月 15 日
1956 年 11 月，我初次造訪靜岡，當時作夢都沒想過自己會和當地出生的女性結婚，並在五十年後定居於此。不過，那時拍下的底片卻在送往美國柯達總公司途中弄丟了。這是我這輩子唯一一次弄丟底片，正因如此，這趟旅程才讓我印象特別深刻。這張照片是我在相隔五年後的 1961 年重遊靜岡時，從牧之原的斜坡往島田方向拍的。

永樂町（靜岡縣）1957 年 4 月 16 日

在日本的偏鄉小鎮，路面電車和鐵道的誕生，可說是由當時領先汽車製造技術的鐵路技術所促成的。為了讓公車及卡車成為主要的運輸方式，除了製造技術以外，還必須在道路鋪設柏油，然而路面電車卻不需要鋪柏油。這種整建道路與汽車普及化的潮流在 1950 年代後期席捲日本，因此我目睹了許多（幸好不是全部）撐不下去的路面電車被汽車取代。這張照片是我在為數眾多的路面電車照當中特別喜歡的一張，鐵道與國道 1 號在不遠處的袋井交會。當時無論要就近走走，還是要從袋井搭乘國鐵遠行，路面電車都是不可或缺且理所當然支持著小鎮居民生活的代步工具。

新袋井站（靜岡縣）1964 年元旦前後

照片裡掛著 1964 年新年參拜的宣傳布條，所以拍攝時間應該是在那一年的元旦前後。這個車站原本設有通往遠州森町的秋葉線，但是已經在 1962 年廢線，被照片左手邊的公車給取代了。

宇津之谷峠前（靜岡縣）1964 年 11 月 11 日

國道 1 號旁的宇津之谷峠至今留有昔日的窄道，如果不趕時間的話，現在依然可以像過去一樣從這裡通行。雖然不記得休息區裡提供咖啡等飲品的自動販賣機什麼時候變得這麼多，但是自從可以用合適的溫度及低廉的價格提供冷熱飲之後，自動販賣機便在日本急速普及。照片後方的看板用大大的紅字寫著「WC」，這樣的大小就算在看到之後才減速停車都來得及，而且還能利用上廁所的空檔買點東西。

愛知

豐橋（愛知縣）
1961 年 11 月 24 日
東海地方是一個由現代及傳統交織而成的地區。路面電車從豐橋站前延伸到赤岩口，但終點站附近的後續開發卻相當緩慢。

東海銀行
3002

1167

尾頭橋（愛知縣名古屋市）
1957 年 4 月 18 日
車身上的紅線是一人乘務列車的標誌。這是全日本第一條採用一人乘務路面電車的路線。

名古屋　廣小路通（愛知縣）
1957 年 4 月 8 日

名古屋站附近（愛知縣）
1958 年 9 月 21 日

在 1962 年出版的《日本：官方導覽（*Japan, the Official Guide*）》中，名古屋已具備完善的市區交通網，而實際情況亦是如此。當地下鐵在 1957 年通車以後，路面電車的範圍便開始逐漸縮小。

專欄

娛樂（休閒活動）

長瀞（埼玉縣）1962 年 7 月 22 日

風力將岩石切割成宛若雕刻品般的景觀，這樣的地形可見於中國及長瀞。有別於次頁的登戶，這裡的小船附有屋頂，坐起來大概比較舒適。雖然我造訪秩父的次數屈指可數，不過曾規劃過幾次賞櫻一日遊，在秩父鐵道看到的櫻花實在美不勝收。

向丘遊樂園（神奈川縣）1964 年 5 月 17 日

這張照片相當有趣，還能看出日本有很多喜愛攝影的人。人們總是會做讓自己覺得快樂的事，對於這些拿著相機的人來說，拍攝女性想必讓他們樂在其中。我認為這也是日本文化的一面。雖然也有人深信只有歌舞伎和能劇才是真正的日本文化，然而，讓人們在自己喜歡的領域自由發揮，難道就不是文化的一種嗎？

以前只要親朋好友齊聚一堂，大家總會開心地玩在一塊兒，這樣的景象與即使坐在同一張桌子也只顧著滑手機的現代娛樂相去甚遠。

登戸（神奈川縣）1964 年 5 月 17 日
當時我每週會有一天在家裡幫立教大學的學生上英文會話，他們都是很乖的孩子。那天我在他們要回去的時候一起走到河邊，因為看到很多人在划船，於是拍下了這張照片。

片貝（千葉縣）1959 年 8 月 22 日

高尾山（東京都）1961 年 7 月 9 日
我以前時常造訪高尾山，但比起登山健行，搭乘登山纜車才是我真正的目的。照片裡的是位於高尾山霞台展望塔的旋轉式上升纜車。

藏王（山形縣）1963 年 12 月 24 日
這是我和太太兩人為了尋求「冬天的感覺」而前往東北時所見到的景象，但因為我們並沒有準備要滑雪，所以只有拍照留念而已。當時的滑雪客以年輕人居多，他們大多是從上野搭夜車，在早上 5 點左右抵達滑雪場，滑個一天之後再搭下午 3 點或 5 點的電車回家。所謂的夜車不一定是臥鋪車，大部分還是只有座位。此外大家滑雪的時候可能都會不小心撞到膝蓋或扭傷腳踝，導致上下車時必須多花一點時間，因此回程電車往往無法準時發車。

長浦（愛知縣）1958 年 9 月 21 日

這張照片是前往欣賞駛向大海的電車時拍下的。我並非隔著車窗拍照，而是走到名鐵（按：名古屋鐵道）常滑線長浦站附近這座有章魚遊樂設施的公園旁邊。這個地區自 1962 年開始填海造陸，現在已經沒有長浦海水浴場，也看不到這隻章魚了。

昇仙峽（山梨縣）1962 年 10 月 13 日

昇仙峽離東京很近，是可以當日來回的景點之一。其實不論是當天來回或長途旅遊，大多是我先想好景點之後再向太太提議，同時採納她的意見，以能讓她玩得盡興為前提安排行程。另一方面，有她在的話，不但能把日文的解說牌讀給我聽，開車時也能掌握所在地的地名，真的幫了我很多忙。

奈良夢幻樂園（奈良縣）
1962 年 11 月 23 日

這座位於奈良的夢幻樂園有「叢林巡航」以及衝下山坡的小型雲霄飛車等遊樂設施，與加州迪士尼樂園的設施非常相似。我當年去玩的時候，還以為他們取得了原創者的授權而做了複製品，直到看到報導，才知道迪士尼對他們擅自抄襲的行為大為光火。

近畿地方

三重

伊勢治田站附近（三重縣）1957 年 4 月 18 日
我從阿下喜站步行到伊勢治田時，被三岐鐵道旁由櫻花及孩童所構成的美景深深吸引而按下了快門。

富田（三重縣四日市市）1962 年 12 月 23 日
近鐵的雙層式特急列車是當時的最新車款。同一時期，國鐵也引進了新列車，正好在近鐵的三個月前推出來往於東京和九州之間的藍色列車（Blue Train），時刻表則和原有的路線相同。這張照片攝於四日市市的富田附近的彎道。

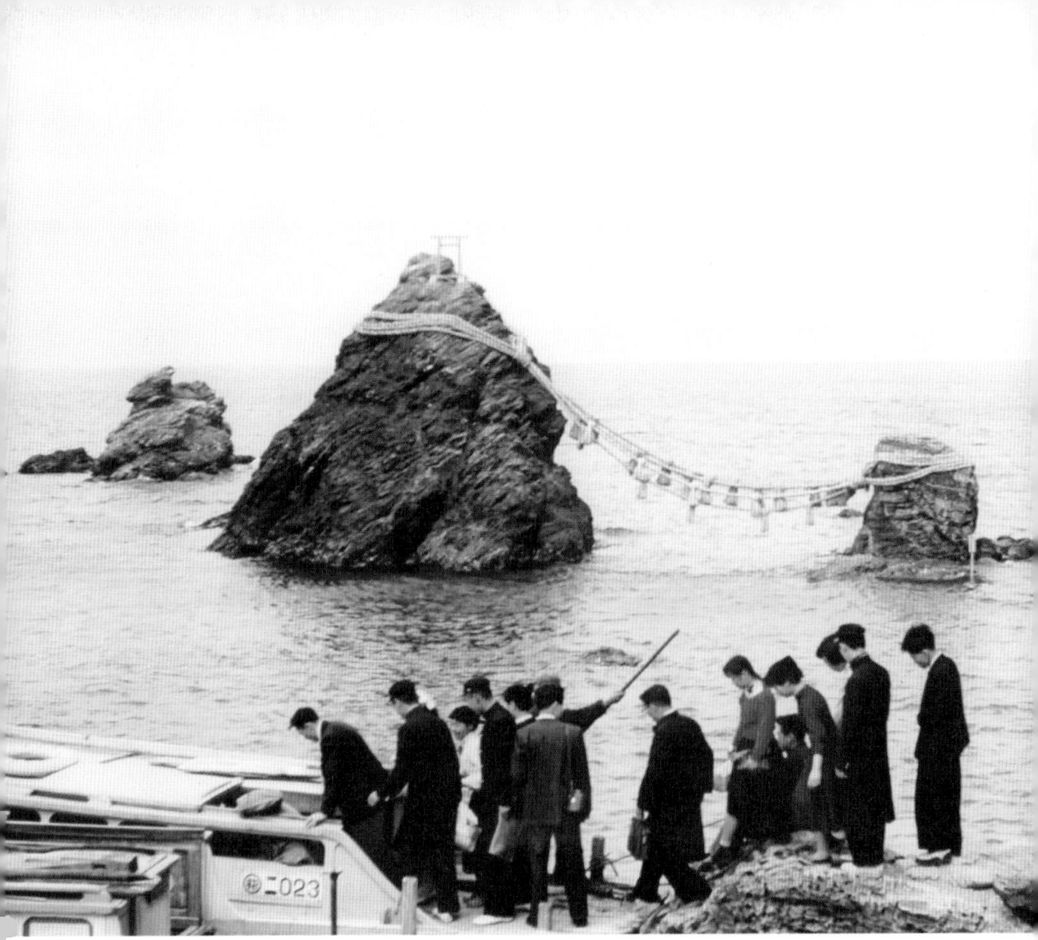

二見浦（三重縣）
1957 年 4 月 10 日
參觀夫婦岩。右邊那幾位穿著制服的似乎是大學生。

御木本真珠島（三重縣）1960 年 4 月 4 日

御木本真珠島（三重縣）1960 年 4 月 5 日

從鳥羽搭乘小船來到以真珠聞名的御木本真珠島，在這裡可以看到海女採真珠的表演以及晒在陽光底下的貝類。聽説現在可以直接跨橋登島了。

奈良

東大寺（奈良縣）
1958 年 11 月 16 日
東大寺大佛殿門口。有別於鎌倉，奈良的大佛位於建築物內部。

奈良站附近（奈良縣）
1958 年 11 月 16 日
奈良電鐵雖然有速度飛快、只要 36 分鐘就能跑完京都到奈良區間的特急列車，但部分電車卻在終點站附近共用近鐵的路面軌道。

和歌山

和歌山城附近（和歌山縣）1958 年 12 月 27 日

我曾在 1956、1958 以及 1959 年前往和歌山，可說幾乎每年都會去一次。當時市區內幾乎不見高樓，馬路也很窄，那是個人們大多騎腳踏車、用拖車載貨的悠閒時代。

京都

我在一九五六年十月初訪京都，之後又去了好幾次。現在的京都高樓林立，景觀變得與日本其他大都市沒有兩樣，然而，當時的京都卻有著獨特的魅力。不屬於工業城市的京都，當年幸運地沒有成為美軍的空襲目標——由於美軍鎖定了工業城市，同樣位在關西地區的大阪便遭到炮火集中攻擊。

昭和三〇年代，汽車持有率以每四年增加一倍的速度持續成長（雖然我不確定這是東京還是全日本的數據，但總之成長的速度飛快），這個現象所造成的結果，只要看看現在的東京便一目了然。然而京都卻與東京不同，根據都市計畫打造的寬敞道路交織成了井然有序的街區，在各種意義上都令我印象深刻，我甚至想在這裡生活看看，只可惜一直沒遇到這樣的機會。

10
16
16

堀川三條（京都府京都市）
1959 年 7 月 4 日
當時京都和大阪都非常炎熱，如果要我選擇的話，我覺得冬天去會比較好。

堀川通（京都府京都市）
1959 年 7 月 4 日

北野車庫前（京都府京都市）
1959 年 7 月 4 日

10

東寺（京都府京都市）1956 年 10 月
在寺廟境內帶小孩的婦女。

平野神社的鳥居（京都府京都市）
1957 年 4 月 7 日

北大路通（京都府京都市）
1959 年 7 月 3 日
寬闊的馬路上鮮少來車。

平野神社的櫻花祭隊伍（京都府京都市）
1957 年 4 月 7 日

西本願寺（京都府京都市）1956 年 10 月
我造訪西本願寺時，遇到一群像是攝影團隊的人正在進行拍攝。

知恩院（京都府京都市）1956 年 10 月
參觀知恩院的孩子們。

116

櫻島線終點附近（大阪府）
1958 年 12 月 26 日
這一帶如今已改建成日本環球影城。以前有路面電車經過，現在的景觀則截然不同。

阿倍野附近（大阪府）
1956 年 10 月
從天王寺站開往住吉的南海電鐵路面電車，寬敞的車廂搭起來很舒適。

大阪

大阪城附近（大阪府）1958 年 8 月 31 日
從照片中可以發現馬路鋪得寬敞平坦卻鮮少車流。當時想拍大阪城的我當然是等到路面淨空才按下快門，然而一樣的事情現在就算在大半夜恐怕也很難辦到。

兵
庫

三宮站周邊（兵庫縣神戶市）1959 年 1 月 2 日

楠公前（兵庫縣神戶市）1959 年 1 月 2 日

在這兩張拍攝於元月 2 日的照片當中，車頂上都插著兩支日本國旗。

楠公前
10
313

甲子園前（兵庫縣西宮市）1964 年 12 月 20 日
行經甲子園球場旁的電車。從上甲子園到東神戶區間鮮少乘客上下車，十分閒靜。

生田神社（兵庫縣神戶市）1959 年 1 月 2 日
前來參拜的民眾都穿著正式服裝，女性大多穿著和服。

淡路島（兵庫縣）1956 年 10 月
自淡路島東岸搭船的人。

洲本（兵庫縣淡路島）1956 年 10 月
淡路島的市中心——洲本。馬路尚未鋪設柏油，也幾乎沒有車子經過。

專欄

裝飾華麗的「花電車」

儘管這些以花電車為首、裝飾過的路面電車看起來的確很有趣，卻不足以吸引我主動調查它們出沒的時間和地點。這種以花球或裝飾品點綴的車輛不載客，有時會開去修電線，但是在我的印象當中，這些裝飾似乎比較常見於氣候溫暖的地區。

鹿兒島也有這種花電車，名為「花二」，過去行駛於福岡；在長崎則將載客用的二〇四號車改裝成花電車，車號也一併改為八七號；廣島的五一號車則是由原為客車的七五八號車改裝成的花電車，最初原本是行駛於大阪的一六三七號電車。

我不知道為什麼經營路面電車的公司或鄉鎮要讓這些不載客——也就是不能收車資——的花電車在街上穿梭，或許是為了地方儀式、祭典或其他活動，此外適度進行宣傳及塑造企業

筑豐直方站（福岡縣）1959 年 9 月 18 日
慶祝筑豐電鐵延伸行駛到直方的遊行。照片裡的不是花電車，而是裝飾成電車的攤販。

形象應該也是花電車的功能之一。

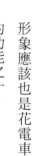

紙屋町（廣島縣廣島市）1957 年 4 月 26 日
在行進中宣傳「木下大馬戲團」的廣島電鐵。

七條通（京都府京都市）1961 年 4 月 13 日
京都市區的這條路上只有市電和腳踏車。市電車身上有一塊寫著「親鸞聖人七百回大遠忌法要」的看板。

中國地方

岡山

柳川（岡山縣岡山市）1957 年 4 月 24 日
以手煞車為主流的路面電車。每輛電車的車頂都架著鐵框，用來設置廣告看板。

大博覧会子供の国
201

岡山市城下（岡山縣）1957 年 4 月 24 日

在其他城市的解說中也曾經提過，由於當時汽車很少，因此路面幾乎沒有鋪柏油的必要。如果只有人走在路上，就算泥巴讓人有點困擾，也不至於揚起塵土。在往來的汽車增加以後，為了防止車輛揚起沙塵才必須鋪柏油，就這一點來看，電車在所有交通工具當中可說略勝一籌。在人們只搭電車往來的時代並不需要柏油路，鋪柏油是汽車變多以後的事。在左邊這張照片裡，可以從車身上的紅線判斷當時已經有一人乘務列車了。

後樂園附近（岡山縣岡山市）1957 年 4 月 24 日
在尖峰時段駛過田野間的西大寺鐵道。電車後面還有一個放腳踏車的空間。

後樂園附近（岡山縣岡山市）1962 年 1 月 14 日
西大寺鐵道利用轉車盤轉向的電車。這種被稱為單端式柴聯車的車種只有一邊裝有引擎，因此車體必須轉向。

3

707

廣島

相生通（廣島縣廣島市）
1957 年 4 月 26 日
馬路上幾乎沒有車。這是不需架設圍欄或標誌防止汽車闖入鐵道的悠閒時代。

廣島ボート
ボート

長濱（廣島縣吳市）1959 年 9 月 20 日
吳市的市內電車只有一條路線，即是在穿過鬧區後開往廣町。照片中的是終點站長濱。

在元安川畔遠望原爆圓頂館（廣島縣廣島市）1957 年 4 月 26 日

尾道（廣島縣）1962 年 5 月 28 日
在山丘緊鄰海港的尾道，一幢幢房舍坐落在斜坡上。

島根

我曾經在旅遊書上讀過山陰及山陽的地名由來，但當我第一次去旅遊時，倒是遇見了和地名相應的天氣——我清楚記得，在天橋立和松江的時候都還陰雨連綿，不過在我搭乘伯備線穿過隧道進入岡山以後就放晴了。

出雲大社（島根縣）1957 年 4 月 22 日
出雲大社的屋頂是在其他神社都見不到的特殊造型（大社造），可惜在這張照片裡被擋住了看不到。

松江　運河與橋（島根縣）1957 年 4 月 22 日

マツダ三輪トラック

山口

萬倉（山口縣）
1959 年 9 月 19 日

攝於已經不存在的船木鐵道萬倉站。自從部分軌道在 1944 年廢線以後，萬倉站便成了終點站，而最後 9.7 公里的軌道也在 1961 年 11 月正式廢線。為了換車，我徒步走了 1.2 公里前往下一站伏附，因為那裡有車掌在售票，而且只要在西宇部站不出站直接換乘 JNR（國鐵），就能把車掌販售的珍貴車票帶回家，所以只是走個一站根本不算什麼。順帶一提，我至今仍珍藏著當時小心翼翼帶回來的車票。

伏附（山口縣）
1959 年 9 月 19 日

我為了向車掌買票而從鄰站走到了伏附站。這座木造車站相當老舊，由車站前正在等車的老人家以及望向窗外的三個孩子所組成的構圖，完全是意料之外的驚喜。

下關市區（山口縣）
1959 年 9 月 19 日
從飯店窗戶遠眺關門海峽，對岸即是九州。

山口市區（山口縣）
1962 年 5 月 30 日
可以看到被 1991 年的大火燒毀之前的山口天主教教會沙勿略紀念聖堂的尖塔。

駛向秋吉台的列車窗外風景（山口縣）
1962 年 5 月 30 日

西宇部站（現在的宇部站，山口縣）
1959 年 9 月 19 日
在蒸汽火車還是主要交通工具的那個年代，蒸汽火車頭往往「牽引著」國家持續進步。

西日本

專欄

西日本的孩子們

我在拍照時，總是想盡量將最真實的日本呈現給美國的親朋好友，希望透過照片表達我喜歡這個國家並在此定居的原因。所以我用相機捕捉了這些孩子的身影，展現出日本生活的一部分。

神邊站附近（廣島縣）
1962 年 1 月 14 日
星期天午後，孩子們在鐵軌旁的草坪嬉戲，一直延伸到後方的草地是他們絕佳的遊樂場。不知道那一堆晒著的東西是什麼呢？

屋久島（鹿兒島縣）1964 年 3 月 5 日
在設有郵局、亦是公車幹道的尾之間主要街道昂首闊步的孩子們。

屋久島（鹿兒島縣）1964 年 3 月 5 日
在巷弄裡玩耍的小孩。

北野天滿宮（京都府京都市）
1957 年 4 月 7 日

這應該是在開學典禮前拍下的照片。孩子穿著正式服裝，看起來有點像制服，美國的公立學校沒有制服，但是日本的某些公立學校則會規定要穿制服，我覺得這樣的差異相當有趣。除此之外，參加開學典禮的日本母親也都會穿上套裝。美國雖然會為了獎勵學生努力抵達了終點而在畢業典禮上大肆慶祝，卻鮮少會在一開始就祝賀。開學當天，親子們一起盛裝打扮參加典禮，這樣的景象洋溢著濃濃的日本風情。

大德寺境內（京都府京都市）
1959 年 7 月 3 日

這應該是寫生大會吧。孩子們手拿夾著圖畫紙的畫板走過。

四國地方

琴平附近（香川縣）1957年5月8日

即使得到了兩個月的休假，心想這段旅程應該是自己最後一趟日本國內旅遊時，我依舊對一般的觀光景點興趣缺缺。雖然知道金毘羅宮（金刀比羅宮）是一座擁有超長階梯的神社，我卻不打算親自爬上去一探究竟。之所以會前往金毘羅宮，是因為對這座大神社附近的國鐵（土讚線）、琴鐵（高松琴平電氣鐵道）以及琴參路面電車（琴平參宮電鐵）三條鐵道感興趣。而當時正打算找個好地方拍攝琴參路面電車的我偶然按下了快門，幸運地拍到了照片中的讚岐富士（飯野山）。

香川

高松（香川縣）1962 年 5 月 21 日
從高松港眺望市區，遠方的高松城是當時市區內最高的建築物。

小豆島（香川縣）1962 年 5 月 21 日
小豆島中心地區的景觀讓人想起一百年前的日本。

松山市役所前（愛媛縣）1957 年 5 月 6 日
可以看到右後方的愛媛縣廳以及遠方山頂上的松山城。

愛媛

從牟岐往甲浦（德島縣）1962 年 5 月 23 日

德島

高知

雖然現在已經截然不同了，不過我在一九五七年造訪高知時，對這裡的第一印象是它在戰後的發展遠遠落後於日本其他城市。

潮江橋（高知縣）1957 年 5 月 9 日

高知站前（高知縣）
1962 年 5 月 25 日

高知市棧橋通（高知縣）1957 年 5 月

105

157
カメラ

往高知站（高知縣）
1957 年 5 月 10 日
搭乘土佐電鐵 302 號前往高知站。

桂濱的坂本龍馬銅像（高知縣）
1962 年 5 月 25 日
穿著正式的觀光客如今看來非常新鮮。

旅館
太田
太田旅館

從室戶前往安藝途中（高知縣）
1962 年 5 月 24 日
鯉魚旗、風向袋和大漁旗一起隨風飄揚。

室戶（高知縣）
1962 年 5 月 24 日
道路全都鋪上柏油並裝好路燈的室戶街頭。即便如此，從安藝通往室戶的街景與人群，仍會讓人產生錯覺，彷彿穿越時空回到了一個世紀以前。

專欄

大合照

大合照極具日本特色，非常有意思。在美國，很少有人會像日本人這樣排排站合照，至少在我的記憶當中，自己從來沒拍過大合照。因此每當看到有人站在一起照相，我總是忍不住湊到一旁按快門，而且如果站在攝影師後面拍，就不用每次都得開口詢問對方可不可以讓我拍張照。

善光寺（長野縣）1956 年 8 月 5 日

二重橋（東京都）1957 年 3 月 29 日

明治神宮（東京都）1961 年 1 月 2 日

熊本城公園（熊本縣）
1964 年 3 月 12 日

屋久島（鹿兒島縣）1964 年 3 月 5 日
我想這應該是栗生小學拍攝畢業紀念照的時間。

阿蘇（熊本縣）1964 年 3 月 11 日

九州地方

我原以為南北狹長的日本只有北海道、東北以及北陸等北部地區才會下雪。即使富士山的山頂也被白雪覆蓋著，我卻從來沒想過位在遙遠南方的九州會下雪，因此當我在一九五九年前往九州時，眼前的雪景著實讓我大吃一驚。雖然市區的路面電車因為這場罕見的雪而陷入混亂，被點點白雪粉飾過的街道卻美不勝收。

制定旅遊計畫的時候，我會同時比對地圖和電車時刻表。為免到了

福岡站附近（福岡縣）1958 年 10 月 3 日

從西鐵（按：西日本鐵道）福岡站前往大牟田的急行列車，左後方還能看到路面電車。

福岡

目的地卻沒有電車可搭或趕不上公車，我會在事前仔細規劃行程，但有時還是會遇到意外的插曲，像三井三池鐵道便是其中之一。

這座鐵道沒有對外公開，因此並未被刊載在鐵道總表和時刻表上，但是當我搭另一條線前往大牟田時，卻在一個出乎預料的地方發現了鐵軌和平交道。經過一番調查，才發現這是在明治時代為了運送煤炭而打造的三井三池鐵道。類似這樣的不期而遇、意料之外的天候以及只有當下才能看見的景色，都是旅行的魅力所在。

舊博多站前（福岡縣）1959 年 9 月 16 日
照片後方就是舊博多車站，位在現在的地下鐵祇園站附近。

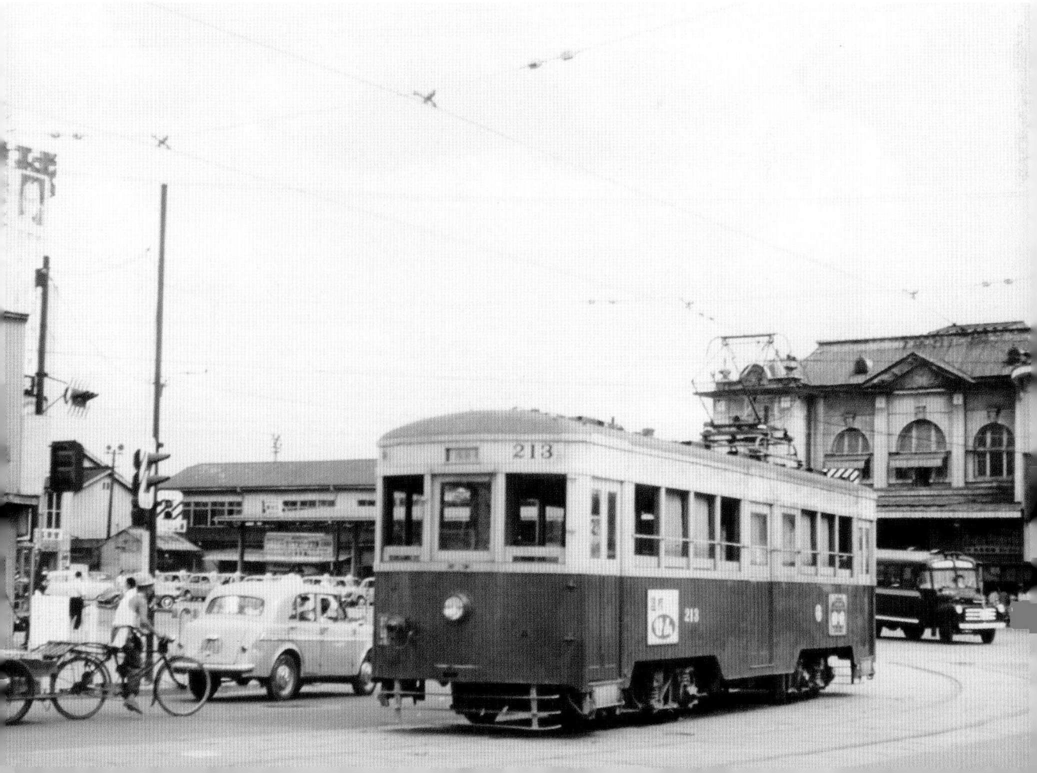

花畑（福岡縣久留米市）1957 年 4 月 30 日
停留在花畑停靠站的路面電車幾乎快被砂礫埋沒。後面可以看到西鐵大牟田線。

中洲（福岡縣）1958 年 10 月 3 日
中洲位於博多川（中）與右側的那珂川之間。照片正中央的是大黑橋。

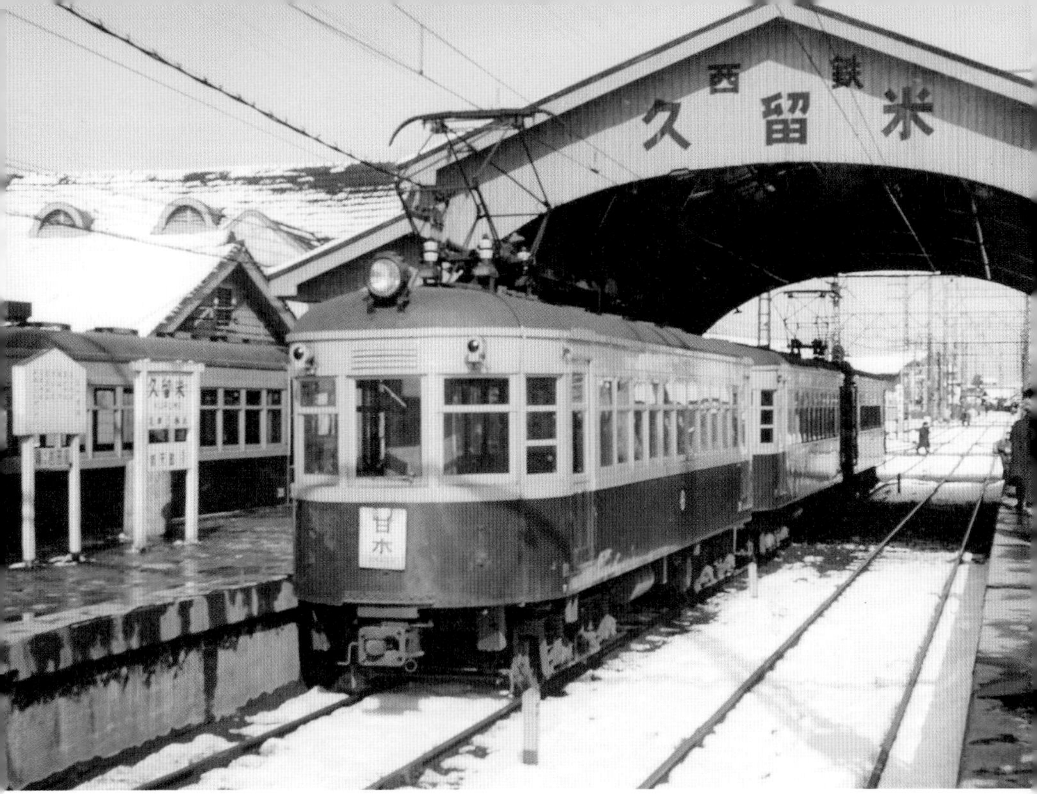

久留米站（福岡縣）1959 年 1 月 18 日
意外遇到下雪的九州之旅。久留米站的屋頂也覆蓋著皚皚白雪。

若松（福岡縣）1957 年 4 月 29 日

福岡縣若松市（現在的北九州市若松區）設有貨物專用的路面電車，雖然行駛在馬路上，卻不會造成安全問題。因為汽車駕駛和當地人都已經習慣電車在街道上穿梭，也知道不能在電車經過時把汽車開上軌道。照片裡的貨倉藉由單線鐵路連接通往國鐵若松站的道路，雖然這條鐵路現在已經不在了，不過這只是因為貨物列車的重要性不如從前，而不是因為安全性考量導致廢線。就安全方面來說，在若松貨物鐵道的那個年代，最重要的是知道哪些地方比較危險或需要特別注意。這樣的想法好歸好，實踐起來卻不容易。

八幡　前田町附近（福岡縣北九州市）1959 年 1 月 24 日

支持著八幡製鐵等企業運作的，正是穿梭在市區的路面電車。從工廠煙囪排放出的黑煙便能想見當時的盛況。

井上桟木店
101
201

71

大分

我當時是搭乘關西汽船前往大分，他們有一班連接大阪與別府的夜間客船，沿途會停靠神戶、今治以及高濱，抵達別府總共要花十九個小時。如果選擇三等客艙的話，單程的票價為九二〇日圓。至於大分之旅的重點，當然就是以溫泉與觀光聞名的別府。

大分站前附近（大分縣）
1964 年 2 月 28 日

大分站前附近（大分縣）1964 年 2 月 28 日
大分站前的大馬路。即使到了 1964 年車輛還是不多。

別府塔（大分縣）1957 年 5 月 4 日
別府的公車轉運站。聳立在後方的是即將在六天後開幕的觀光中心電視塔（現在的別府塔）。

別府北濱的溫泉鄉（大分縣）1957 年 5 月 4 日

別府港（大分縣）1957 年 5 月 5 日
攝於回程的關西汽船上。別府港邊站滿了手持彩帶、離情依依的人群，我在連接本州北端與北海道的青函連絡船上也看過這樣的景象。

長崎市區（長崎縣）
1964 年 3 月 16 日

長崎市內的住宅區（長崎縣）
1964 年 3 月 16 日
遠處可以看見和平祈禱像。

長崎

我在一九五九年和一九六四年分別造訪過長崎，這是一座充滿魅力的城市，或許是因為長期以來與海外各國交流，當時的長崎有一種獨特的氛圍。其實在一九五三年左右，有一位住在佐世保的美國鐵道迷曾頻繁造訪長崎，並將關於長崎電車的文章投稿到美國的鐵道雜誌。我在赴日以前便拜讀過這本雜誌，所以原本就對長崎有一定程度的了解。

無論是對那位住在佐世保的美國人還是對我來說，長崎的一大魅力便是從當時就在市區奔馳的路面電車，然而路面電車在那個年代遍布各地，因此對大多數的日本觀光客來說或許並不是太稀奇的交通工具。不過在日本各大都市的路面電車幾近全數廢線的現在，長崎所保存下來的路面電車儼然成為這座城市的象徵。

從原爆資料館遠眺的風景（長崎縣）1964 年 3 月 16 日

佐世保站前（長崎縣）1959 年 9 月 13 日

雲仙（長崎縣）1964 年 3 月 15 日

お土産の店

安達商店

長崎的船隻停泊處（長崎縣）
1959 年 4 月 11 日

哥拉巴宅邸與長崎港（長崎縣）
1959 年 4 月 11 日

西濱町（長崎縣長崎市）
1959 年 4 月 12 日

眼鏡橋附近（長崎縣）
1964 年 3 月 16 日
與獨特的音樂一起在長崎市街遊行、為超市宣傳的街頭廣告藝人。只可惜無法把當時的音樂一起傳達給各位。

濱町的拱廊商店街（長崎縣長崎市）
1964 年 3 月 16 日

眼鏡橋（長崎縣）1964 年 3 月 16 日

モデルショップ
ゆきや
千代鶴
森山商店

崎港ライオンズクラブ

熊本

我在一九五七年初次造訪熊本，當時市區內有兩家現代化的百貨公司和許多新建築，在我的印象裡，熊本是一座非常進步的城市。不過當時市內沒有西式飯店，我下榻在交通公社幫我安排的松乃井旅館，那是一個能夠俯瞰白川潺潺流水的絕佳住處。不過聽說這家旅館後來發生了火災，現在已經改建成另外一家飯店了。

熊本城（熊本縣）1964 年 3 月 12 日

坪井川（熊本縣熊本市）1957 年 5 月 3 日

位於坪井川的祇園橋附近的房舍，上頭插著鯉魚旗。這些房子後來受到河川改道的影響而遷移至他處，現在已經看不到這樣的風景了。

阿蘇（熊本縣）1964 年 3 月 11 日

搭乘觀光巴士的人潮。所有女性都穿著高跟鞋，打扮得頗為正式。以前參加觀光旅行團都會穿著正式服裝。

熊本市役所前（熊本縣）1957 年 5 月 3 日

這群孩子應該是剛參觀完熊本城正要離開。人行道在寬闊的路上佔了很大的空間，從靠車道行駛的腳踏車可以看出當時道路的情況。

天草（熊本縣）1964 年 3 月 13 日

昭和 30 年代，從熊本要到天草可以先搭列車到三角，再轉搭渡船前往天草上島。此外在三角也可搭小型客船，而在天草島上則可以搭乘公車或渡船。船隻是當地日常生活中重要的代步工具。

自転車
TEL.2934
の自転車
コロナ
TEL-2085
月星靴・ゴム靴
パーマ
美容室
はまず
はまず

宮崎

仙人掌是在乾旱地區進化而來的植物，但我們造訪的那天不巧遇到下雨天，與所謂的乾旱相去甚遠。位於日南市的仙人掌公園是在戰前開幕的觀光景點之一，可惜已經在二〇〇五年關閉了。

仙人掌公園（宮崎縣）1964 年 3 月 1 日

鹿兒島

池田湖附近（鹿兒島縣指宿市）1964 年 3 月 8 日

我對鹿兒島的印象，是這裡比其他鄉鎮都市都還要為旅客著想。在市電的終點站前有一張大型地圖，上面標示了市電的路線、車資等各種資訊，用簡單易懂的方式說明當地的交通和地理環境，讓我留下非常深刻的印象。

我是在一九六四年前往鹿兒島以及縣內的屋久島旅遊。多虧有這份在國鐵的工作，我不但不缺稀有路線的情報，還有幸遇到會親切告訴我該如何前往的同事，因此即使是當時交通比較不便的地方，我也能夠盡情遊玩。

天文館附近（鹿兒島縣鹿兒島市）1964 年 3 月 16 日

三菱タイヤ
明治コナミルク
岩尾病院

舊廣木隧道附近
（鹿兒島縣鹿兒島市）
1957 年 5 月 2 日

在照片右側偏中間的地方可以看到舊廣木隧道，目前已經禁止通行。右手邊冒著煙的列車則是「霧島號」。

高見馬場
（鹿兒島縣鹿兒島市）
1957 年 5 月 2 日

高見馬場是通往鹿兒島站與谷山站的鐵道分歧點，工作人員會在左側的高塔內操控轉轍器。這裡目前仍是鹿兒島市區的交通要衝。

古江站前（鹿兒島縣鹿屋市）1964 年 3 月 2 日

雖然不確定當時車站前面是否都會有這麼大片的空地，但在 1923 年興建的鐵道線於 1961 年延長到海潟之前，古江都是國鐵大隅線的終點站。當年我和太太前往古江時，要去鹿兒島市區的民眾也都固定會在古江轉乘公車，照片左邊便可以看到一輛停在路邊的公車。然而我們並沒有在古江換車，因為我一直都很想到海潟看看。在大隅線廢線後的今天，古江成立了鐵道紀念公園，據説保留下來的只有車站而已。

薩摩湖站（鹿兒島縣日置市）1964 年 3 月 7 日
這張照片是在列車裡拍的，所以焦點有些模糊。太太注意到月台上的學生分成了男女兩邊，於是告訴我車站裡的告示牌要求民眾在等車時必須按性別分開排隊。我太太總會為我解說各種標誌，如果還能一起到處旅行，我應該可以學到更多吧。

屋久島

屋久島町　尾之間（鹿兒島縣）1964 年 3 月 5 日

我前往屋久島的主要目的是為了參觀砍伐屋久杉的作業（請參考第二七五、二八四頁）。當時除了我和太太，還有一位在國鐵服務且一直都對伐木很有興趣的朋友，我們三人一起踏上旅途。

當我跟朋友說要去屋久島後，他告訴我那裡住著兩萬名居民，還有跟居民人數一樣多的屋久鹿及獼猴。而我想參觀伐木作業的原因，是為了一睹將屋久杉運到海邊的特殊軌道。雖然這條軌道並未開放一

般民眾搭乘，但是透過特別的安排，他們同意讓我們搭到營林署所在的小杉谷聚落。

當時的屋久島幾乎都還沒有觀光化，會來這裡的只有年輕的登山客等特定族群。雖然沒有豪華餐點或時髦設施，但在為期兩週的九州之旅當中，屋久島依然是讓我印象最深的地方。

砍伐屋久杉的作業（鹿兒島縣）1964 年 3 月 4 日

沖繩

我去過沖繩的次數多不勝數。還在美軍服務的時候，就經常基於各式各樣的工作需求前往沖繩，從來沒有一次是自掏腰包。提到沖繩，現代人或許會聯想到豪華的渡假村，然而當時這裡給我的印象卻是即使在日本國內也受到隔離，還需要好些時日才能復興。雖然東京同樣受到毀滅性的打擊，沖繩卻因為地面戰而殘破不堪，即使重建工作一直緩慢地進行，速度依然比不上東京這些本土地區。

日本的交通系統採英國制，因此無論電車或汽車都是靠左行駛，這點與世界各國有很大的差別，因為中國、多數歐洲國家以及美國都是靠右行駛。

國際通（沖繩縣那霸市）1958 年 10 月 16 日

牧志公設市場（沖繩縣那霸市）1958 年 10 月 16 日

COFFEE
ラセン
ROLEX

有馬商店

MILITARY APPROVED
PAWNSHOP

駐日美軍並沒有把日本的英式交通系統改成靠右行駛，唯一例外的地方只有沖繩。被美軍佔領的沖繩規定靠右行駛，應該是因為當初還不確定這裡將來會不會還給日本。除此之外，大多數的當地居民都沒有自用車，或許也是易於轉換成靠右行駛的原因之一，加上沖繩的地形屬於島嶼，因此也不用擔心會像瑞典和挪威那樣，在跨越國境時因為行駛方向改變而造成駕駛混亂。在那之後，我想很多人依舊對沖繩在回歸六年後的一九七八年七月三十日，一夜之間從靠右行駛改成靠左行駛的事（即七三〇運動）記憶猶新。

胡差（沖繩縣）1958 年 7 月 31 日
可以看出車輛靠右行駛。

胡差（沖繩縣）1958 年 7 月 31 日
看起來重建完成的地區大多呈現美式風格。

大里（沖繩縣南城市）1956 年 6 月 3 日
來到距離那霸約 10 公里遠的地方後，眼前出現了農村的茅葺屋頂。

主題相冊

〔搬運〕
〔單軌電車〕
〔危險！〕
〔蒸汽火車〕
〔勞動的人〕
〔有趣的看板〕
〔危險的鐵橋〕
〔節日活動〕

搬運

和氣（岡山縣）1962 年 1 月 13 日

這張照片是從接在貨物列車後面的客車車廂拍的。以前有很多像這樣由貨車車廂與客車車廂串連而成的列車，正確來說，這才是當時列車的基本型態。在乘客上下車期間，貨物列車也會跟著停下來，接著再一起前往下一個車站。

鐵道建設以前的貨物流通是以河川為中心，然而流通的需求卻不只局限在河岸地區，因此鐵道貨運才會蓬勃發展。在卡車普及之前，鐵道是物流的主要交通工具。由於載運貨物是主要業務之一，因此就連現在專門載客的私鐵當時都積極經營貨物列車。

我對物體的移動充滿興趣，例如透過人力將一件件貨物搬下列車，或是用鐵道以外的各種方法搬運大型貨物等。這些場景的有趣之處，在於可以藉此看出當時的生活樣貌，還能了解道路的狀況以及都市結構。

是政（東京都府中市）1963 年 2 月 5 日

這是隸屬西武線卻與其他西武線沒有任何接點的是政線（現在的多摩川線），原本是用來搬運多摩川砂石的載貨鐵道。這張照片是仍有貨物列車行駛的時候所拍攝的（這條線於 1967 年停止載貨）。

行經屋久島的陡坡（鹿兒島縣）1964 年 3 月 4 日

接連運下山的屋久杉（鹿兒島縣）1964 年 3 月 4 日

前面提過，我前往屋久島的目的是為了參觀砍伐屋久杉的作業。被砍下來的屋久杉藉由鐵道運送下山，這樣的組合讓我充滿興趣。奇大無比的木材被放在小小的列車上滑下山坡，第一次看到這樣的伐木現場，讓人覺得魄力十足，要是外行人可沒辦法坐在木材上。這份工作非常危險，雖然列車上裝有煞車，然而要靠手煞車駛下蜿蜒崎嶇的山路卻極其困難——「危險」正是這份工作的一部分。

登別（北海道）1957 年 5 月 22 日

這是用鐵道把木材運到施工現場的實例。與其另闢一條新的道路，不如用軌道搬運更便利。

甲府（山梨縣）1959 年 2 月 22 日

地圖上顯示這個地方設有鐵道，但我到了之後，才發現它其實是一條貨運專用線，難怪時刻表上沒有資料。由於當天是星期天，因此附近沒有任何列車。這間木造小屋裡有秤重用的設備，貨物只要經過這裡就能過磅。大多數的路面電車並沒有在終點裝設迴轉裝置，司機和車掌必須在到達終點站後換位置到另一邊才能繼續行駛，不過這裡的列車卻能迴轉並繼續運行。

我在看地圖的時候會同時查詢時刻表，以便判斷電車是旅客列車還是貨物列車。日本的時刻表也有英文版，雖然上頭只有主要路線而沒有全線資料，但在大範圍旅行的時候只靠英文版就綽綽有餘。有了這份英文版時刻表，加上駐紮吳市的朋友告訴我的日文版詳細資料，交叉比對下，我就可以走遍日本全國各地。

栗生（鹿兒島縣屋久島）1964 年 3 月 5 日

這裡可能就連自動三輪車也進不來。日本各地都有這樣的小路，因此人們只能利用比汽車更小的推車或是自行搬運。

尾之間（鹿兒島縣屋久島）1964 年 3 月 5 日

從這張照片可以看出以前並未嚴格取締超重貨車。尤其屋久島的居民間彼此熟識，也明白各自的情況，所以就算遇到載著大批貨物的卡車，有時也會睜一隻眼閉一隻眼。順帶一提，堆在卡車上的全是甘蔗。

登米（宮城縣）
1963 年 4 月 10 日

糠之目站
（山形交通高畠線，山形縣）
1959 年 9 月 7 日

鄉鎮的輕便鐵道車站經常會像這樣把收到的貨物搬來搬去，運上下一班列車，畢竟人類可以靠自己的意志轉車，貨物卻不行。一件件貨物必須先卸下輕便鐵道，再用拖車之類的工具搬到其他月台，或是相隔一公尺遠的對向月台。雖然只有短短的距離，無法自行移動的貨物卻也不得不仰賴人工搬運，而這點正是輕便鐵道之所以被卡車取代的原因。在以「戶到戶（Door to Door）」的方式運送貨物的物流方法中，卡車的威力可說無人能及。

札幌北五條通（北海道）1957 年 5 月 24 日
雖然當時日本的大馬路大多已經整頓完畢，但只要深入一些，依然可以發現許多窄小的巷道。如果載貨時只會經過大馬路，那麼卡車或自動三輪車或許就夠方便了，然而載貨的起迄點並非總是在大路上，如果要從小巷裡把貨物運出來，拖車的便利性就遙遙領先開不進巷子的卡車或自動三輪車；此外，只能靠人工搬運的情形在當時也相當普遍。札幌的主要街道確實都相當寬廣，然而靠拖車移動的地方就不一定了，如果考量到也會經過狹窄的巷道，那麼有時拖車還是比較方便。

昭和三〇年代時，日本各地都還在使用馬匹，在工地看到馬車並不稀奇。雖說卡車已經日漸普及，但與汽車普及化的速度相比還是較為緩慢。

舉例來說，在承包工程時必須先決定整體的施工費用，為了盡量壓低價格，與其特地添購卡車，不如沿用馬匹更划算。因為只要餵飽牠們就能上工，所以也不需要汽油，換句話說，就是不用投資新的設備，因此日本民眾想必會盡可能使役馬匹，等到這些馬不能工作之後，才會添購卡車而非新買一匹馬。我想所謂的變化，就是像這樣一點一滴慢慢發生的。

栃尾（新潟縣）
1957 年 2 月 9 日
未鋪柏油、凹凸不平的道路只有積雪的時候比較平滑。雖然標誌上寫著限速 25 公里，但是用馬拖行的雪橇根本跑不到這種速度。

柳澤（青森縣）
1961 年 1 月 7 日
在卡車普及之前的偏鄉，人和貨物的運輸都少不了用馬拖行的雪橇。

福岡市區（福岡縣）1959 年 1 月 24 日
鐵路拓寬工程。載著新鐵軌的馬車剛抵達施工現場。

那霸東邊的西原飛行場遺址（沖繩縣）
1956 年 6 月 3 日
我在搭乘公車離開那霸和基地所在的地區以後見到這幅景象，自此愛上了沖繩。

靜內（北海道）1961 年 7 月 17 日
在北海道的農村，馬車比卡車還要常見。

大館（秋田縣）1962 年 9 月 22 日
正要穿越同和礦業花岡線平交道的馬車與車夫。這條原本專門運送礦石的鐵道後來也開始載送旅客，但貨運隨著花岡礦山於 1983 年封山而停止營業，包含旅客列車在內的花岡線也在兩年後全數廢線。

單軌電車

單軌電車的設計原本就是為了與一般列車有所區隔。而對迪士尼樂園這類主題樂園來說，目的則在於透過改變外型或主題來提供有別於日常生活的特殊體驗。

然而東京的情況並非如此。我曾經在報紙上讀到，隨著東京的汽車逐漸增加，路面電車淪為馬路上的障礙，於是有人建議把它移到空中，因此才會出現都電單軌化的議題。

上野動物園（東京都）1958 年 6 月 20 日
一旦發生緊急狀況，這種外型的單軌電車沒有長梯便難以逃生。這列單軌電車並不是動物園的遊樂設施，而是根據日本《鐵道事業法》運行的交通工具，與經過下方的都電形成有趣的對比。

接著，為了補強未來的都市交通系統所打造的實驗性設施，正是連接上野動物園東、西園的單軌電車。雖然這列單軌電車為全日本首創，然而在實際執行、試運轉以後卻被認為不切實際，導致單軌化的計畫石沉大海，取而代之的則是電車地下化，也就是地下鐵的建設計畫——既然天上行不通，那就往地下走吧。

奈良夢幻樂園（奈良縣）1961 年 11 月 10 日

田町（東京都）
1965 年 1 月 10 日
第一輛正式作為交通工具引進的單軌電車，是用來聯繫羽田機場的東京單軌電車。電車會在田町附近脫離國鐵的路線、駛向羽田，後方則可以看到東京鐵塔及東海道線。

犬山（愛知縣）
1962 年 12 月 24 日
現在已經消失的猿猴樂園單軌電車（開幕當時叫作萊茵樂園單軌電車），用來銜接犬山遊樂園站以及動物園站。

「危險！」

為了預防事故發生，最近有越來越多地方會架設防止閒雜人等進入的圍牆或柵欄，然而過去並沒有這麼嚴格，大家本來就曉得電車進站時不可以穿越軌道，有車輛經過時也要停下來免得被撞到，光是知道這些規範就已經足夠了。這樣看來，當時的生活遠比現在更輕鬆悠閒。

人類總是會逐漸習慣危險。反過來說，如果不能習慣危險並巧妙地與之周旋便無法生存。事故發生的原因多半是當事人不夠小心或是駕駛不夠謹慎，如果多加注意的話，絕大多數的危險都是可以避免的。大部分的人能夠在某種程度上預知危險，不過麻煩的或許就在於並非人人都擁有這種能力。

剛到日本時，我覺得日本的安全限度（Safety Margin）很低，換句話說，就是幾乎沒有保留安全空間，預防措施也不如現在完善。造成這種情況的其中一個原因，或許是日本的空間有限，很難確保足夠的安全空間。

舉例來說，當時的馬路與人行道比現在靠得更近。在經濟發達的現代日本，不但得以確保更多這樣的安全空間，越新的建築物也越會規劃充足的空間以及人行道等相關設施。如果用現在的生活搭配當時那種等級的安全對策，事故發生的次數搞不好會變得更多。

松本站附近（長野縣）
1962 年 9 月 1 日
即使沒有斑馬線也能穿越大馬路，只有車少才能這樣。

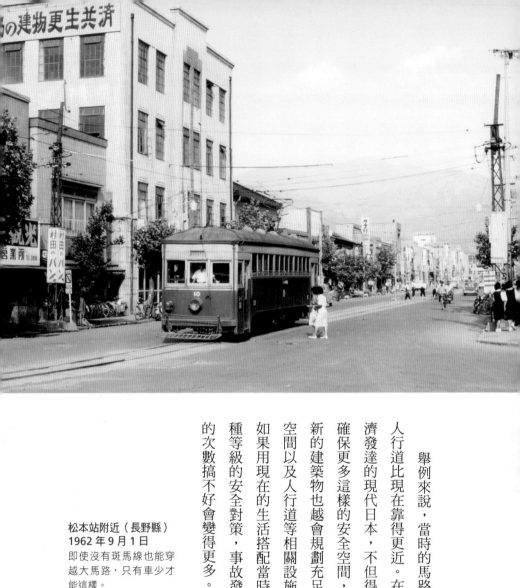

銀座（東京都）1960 年 4 月 23 日

從銀座四丁目十字路口往數寄屋橋的方向望去，明明是鬧區的大馬路，卻有民眾悠悠哉哉地在車子後方穿越馬路。

福井站前（福井縣）
1964 年 5 月 29 日

在有兩節車廂的電車後面，還有另外一台電車停得很近，看起來就快要撞上了。不過因為電車駕駛都相當老練，所以不用擔心追撞。

犬山橋（愛知縣）
1962 年 12 月 24 日

以行駛在路面上的電車來說，這列電車可說魄力十足。雖然這座鐵橋至今尚存，但行人和車輛都是從後來蓋在旁邊的另一座橋通行。

西大寺鐵道　長利站附近（岡山縣）
1962 年 1 月 13 日
站在原本用來搭車的平台上休息的學生，如果是現在，可能會以危險為由而被趕到車廂裡。他們手中似乎拿著滑雪板。這樣的景象現在已經很少見了。

夜間瀨鐵橋（長野縣）
1963 年 9 月 1 日
這些高中生應該是自己打開了能夠手動開關的車門。不過，並不是會自動關閉的車門就一定沒問題，孩子們把車門打開也算是有效利用空間，只要沒出事就好。附帶一提，夜間瀨鐵橋本身的結構至今幾乎未曾改變。這裡是拍攝長野電鐵的人氣景點。

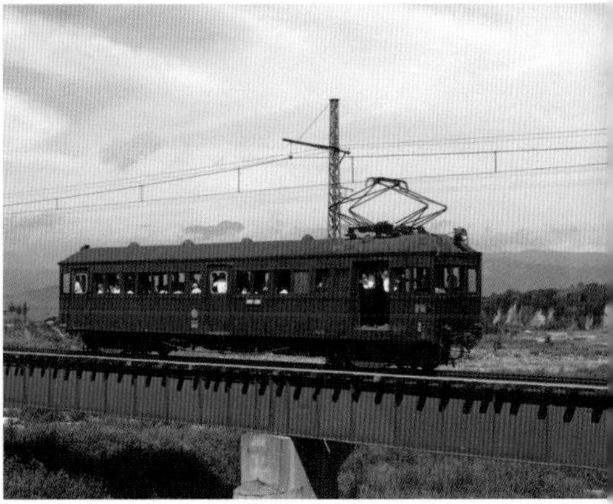

三峰纜車（埼玉縣）1956 年 7 月 29 日

其實這趟三峰行是我第一次踏出東京的冒險之旅。我在確認日文時刻表的同時查好了交通方式，也已經在出發前先了解過要在哪裡搭公車。因為全心投入這趟第一次的冒險，所以我在拍下這張照片的時候並未發現上面有人。雖然現在看來或許相當危險，不過既然對方是工作人員，那應該就不用擔心了。就某種意義上來說，他可是獨佔了最佳視野。由秩父鐵道公司經營的這條長 1.9 公里的纜車路線（大輪站－三峰山頂站）如今也已經停業了。

「蒸汽火車」

所謂的蒸汽火車就像生物，動態和外觀彷彿有生命一般，一邊發出咻咻咻的呼吸聲，一邊緩緩行駛，既充滿人性又趣味十足。其中「D51」或「C62」這些型號是根據動輪（藉由動力旋轉促使車體前進的巨大車輪）的數量來決定的，有三組動輪的就是「C」，有四組動輪的則是「D」。

一九七五年是日本蒸汽火車行駛的最後一年。由於當時的蒸汽火車大多在北海道，因此那裡的風景格外有趣。雖然希望蒸汽火車能夠在日本服役久一點，但另一方面，在國鐵服務的我也會從商業的角度審視，因此早就領悟到這樣的趨勢在所難免。像是行駛中會排出黑煙而招致反感等，蒸汽火車之所以消失一定存在著不得不然的理由。

船木町（山口縣）1959 年 9 月 19 日

雖然不曉得當時是否仍會實際運用蒸汽火車，但是從照片可以看出車頭構造同時適用蒸汽火車與柴聯車。這是只有在蒸汽火車逐漸被取代的過渡期才能看見的景象。

南千住（東京都）
1961 年 4 月 1 日
以東京的在來線而言，常磐線的蒸汽火車服役了很長一段時間。天空中飄著令人懷念的廣告氣球，上面寫著「小糸製作所」。

佐貫（茨城縣龍崎市）
1960 年 5 月 28 日
這是我在前往大洗途中看到的蒸汽火車。雖然目前為旅客專用的鐵道，不過當時列車是由客車車廂與貨車車廂組成，兩節客車車廂前面連接著一節貨車車廂，不知道日本第一座鐵道在新橋（現在的汐留）通車時是否也是這樣。當時的物流基本上採河運，然而河運難以將貨品送進內陸，因此人們才會慢慢開始利用鐵道搬運貨物。

三澤（青森縣）1961 年 1 月 7 日

勞動的人

人類的行為會帶來新的變化，例如蓋了第二條軌道而實現雙線鐵路的構想，這就是所謂的建設。為了捕捉變化發生的瞬間，我於是拍下了這些照片。

長浦（愛知縣）
1958 年 9 月 21 日
後方是面向伊勢灣的長浦一帶，人們爬到屋頂上鋪設屋瓦。拍下這張照片是為了讓美國的朋友們了解瓦片屋頂的建造方法。

新宿（東京都）1962 年 1 月 21 日

小田急線新宿站的施工景象。停在這裡的是浪漫特快列車。此處目前已被小田急百貨完全遮蔽，雖然車站還在，卻看不到這片風景了。由於難以將大型機具運到裡面，因此大多數的工作依然是靠人力進行。日本寸土寸金，這種情況在都市特別嚴重，就連施工都沒有空間可以暫時利用，必須想辦法在沒有足夠空間擺放建材和機具的情況下進行。

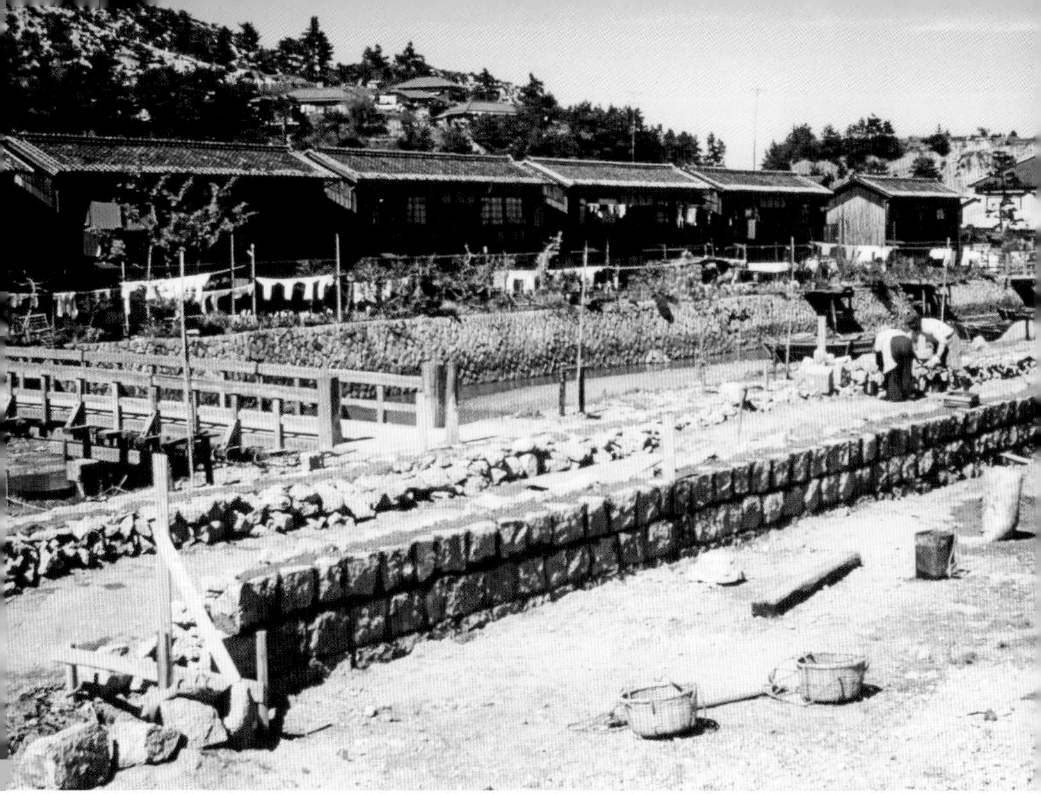

玉（岡山縣玉野市）1957 年 4 月 24 日
正在施工的玉野市電月台。這條從國鐵宇野站到三井造船廠的專用鐵道，是戰後由備南電氣鐵道公司開設的，後來則改由玉野市經營，而這張照片正是軌道延伸工程中的一幕。工人徒手作業，放眼望去沒有任何機械設備，從中可以清楚看出偏鄉地區的施工情景。後面的建築物應該是三井造船公司的宿舍。

湯之川溫泉（北海道函館市）1959 年 7 月 25 日
這應該是建設雙線鐵路的工程。工人正在興建另一條軌道。

片貝（千葉縣）1959 年 8 月 22 日
在鄉下的輕便鐵道工作同樣必須負擔體力活。我在北海道也看過類似的景象。

越後中里站（新潟縣）1964 年 12 月 12 日

我當時正想著下雪天出門或許能看到一些有趣的畫面，結果如願拍下了這張照片。這些人戴著斗笠或安全帽剷雪，這份工作雖然不算體面，卻必須有人來做，因此他們就站在雪深及腰的雪地裡勞動著。

澀谷站前（東京都）
1957 年 4 月 5 日
路面電車行經尚未鋪好水泥的路段。

佐川－松山之間（高知－愛媛縣）
1962 年 5 月 26 日
我在來往於高知與松山之間的公車上目睹了這樣的景象。在狹窄的道路上，公車緩緩通過一輛輪胎脫落的卡車旁——但我到底是從哪裡拍下這張照片的呢？

磯子區海濱附近（神奈川縣橫濱市）
1959 年 4 月 24 日

雖然橫濱的建設日漸完善，路上林立的依舊是小商店。橫濱市電正通過道路拓寬工程的施工現場。

大鰐附近（青森縣南津輕郡）
1957 年 5 月 25 日

工人們正在搶救脫軌的蒸汽火車（照片右方），試圖搭建一條臨時軌道讓蒸汽火車回到正軌。正在施工的軌道後方可以看到火車原本行駛的鐵橋。

401

港前（愛知縣西尾市）
1958 年 9 月 21 日

不知道月台上的人是正在施工還是正準備把貨物搬上貨物列車？雖然出現在地方支線的這種畫面非常有趣，但是因為電車到站之後我就得趕快上車，所以這些疑問最後經常不了了之。如果一直在原地等到真相大白，我便會因為錯過電車而不得不再等上一個小時。

有趣的看板

在當時幾乎沒有高聳建築的日本，唯有遠處也能看到的廣告才有價值。廣告的重點在於從鎮上的任何一個角落都要能一眼看到；此外，由於日文適用直書，因此許多廣告招牌做得又高又長，讓我印象深刻。不過這種廣告手法必須在低矮的建築環境中才能夠發揮效果，當高樓大廈越來越多，廣告的型態也就隨之改變了。

勸業館前（熊本縣）1957 年 5 月 3 日
後方有「專門大店」進駐的熊本市勸業館後來變成熊本市的產業文化會館（現在已隨著都更而遭到拆除，並改建為廣場）。琳瑯滿目的垂掛式布條寫著「存款免稅」、「今年也要用煥然一新的心情開始儲蓄」、「手邊的現金總之先拿來儲蓄」等推廣儲蓄的標語。日本以前有少額儲蓄免課稅制度，在規定範圍內的存款利息可以不用繳稅。

廣町（廣島縣吳市）
1959 年 9 月 20 日
車身上掛著「カワマタ（KAWAMATA）」四個大字，但是我完全不知道這是什麼廣告，也許是只有當地人才看得懂的宣傳標語。

博多吳服町（福岡縣）
1959 年 4 月 8 日
攝於博多大丸百貨前。可以看到恭賀皇太子成婚的垂掛式布條（婚禮在拍下這張照片的兩天後舉行）。

仙台站南側（宮城縣）1957 年 5 月 18 日
當時行人可以任意穿越仙台站南側的大馬路，不必特地走到十字路口。車站前到處都是專為旅客提供的休息站，在沒有投幣式寄物櫃的年代，這裡也是大家寄放行李的地方。

松本站前（長野縣）1962 年 9 月 1 日
「森永 β 奶粉」的霓虹燈招牌遠比路名「新伊勢町通」來得大而顯眼。後來奶粉的消費量在戰後嬰兒潮成長的 1970 年代達到顛峰。

中洲（福岡縣）1957 年 4 月 28 日

從博多日活飯店向外眺望，前方是東中洲，右後方為縣廳前，往南可以看到縣廳（紅色建築物後方）。目前縣廳已遷至博多區，舊縣廳遺址位在如今的天神中央公園內。左側森永牛奶糖的霓虹燈招牌大得足以和高樓匹敵，正是「廣而告之」的典型範例。除此之外，上方還停著一架同樣巨大的直升機。

岡山站－上之町之間（岡山縣）
1962 年 1 月 14 日
集電弓上掛著「皆樣石鹼」看板的路面電車。車體右側的廣告是「日式醬汁龜甲萬」。雖然現在一說到龜甲萬就會讓人聯想到醬油，不過當時似乎是以日式醬汁聞名。

弁天町（北海道函館市）
1959 年 7 月 25 日
即現在的「函館船塢前」。最左邊藥局招牌上的藥品在當時被認為有助於緩解失眠或肩頸僵硬，據說是廣受歡迎的「文明病新藥」。

五稜郭公園前（北海道函館市）
1959 年 7 月 25 日

右手邊應該是一家書店，銷售《快樂的一年級生》（講談社出版）以及小學館的學習雜誌等適合不同學年的雜誌，另外可以看到《婦人俱樂部》和《主婦之友》等女性雜誌的廣告布條。上方蜻蜓鉛筆看板的蜻蜓標誌則是兩年前開始採用的設計，頭部朝下的蜻蜓代表的是「以客為尊」，但是在 2013 年創業一百週年時，已將蜻蜓標誌改成頭部朝上了。

福島站前（福島縣）
1957 年 5 月 27 日

在「世界動物博覽會」的大型布條旁，有一台掛著相同看板的電車緩緩通過。

天草みやげ
文化堂
カクイわ
脱脂綿は理想綿
みやげ品専門店
時計めがね
上町商店街

長野市區（長野縣）1956 年 8 月 6 日
或許是因為軌道周圍沒有柵欄，許多居民會從平交道以外的地方穿越鐵軌，所以一旁才會設置「請在電車通過後再穿越軌道」的告示牌（照片左下方）。

天草（熊本縣）1964 年 3 月 13 日
「脱脂棉是理想棉花」的看板隸屬鹿兒島一間名叫「KAKUI」的紡織公司，「KAKUI 棉花」似乎在九州頗具盛名。後方的直書式招牌也非常醒目。

月夜の宝石
天然色
シネマスコープ
THE NIGHT HEAVEN FELL
ロードショウ
日比谷映画
鮎の小田急
相模川の
快適な
急行電車で30分
SUPERCINESCOPE
天然色
スーパーシネスコープ
大遠征軍
フランシスコ・ラバル
ニッカ

新宿追分（東京都）
1963 年 3 月
位於明治通的伊勢丹百貨對面。後方的大映電影院正在上映《新・座頭市物語》。雖然看不到前方電影院的名稱，不過從當時正紅的 Crazy Cats 所演出的《先手必勝》（按：先下手為強）的電影發行公司來看，應該是東寶的電影院。馬路旁還能看到「步行者禁止穿越」的告示牌。

新橋（東京都）
1958 年 6 月 20 日
從新橋站月台眺望大樓上方的招牌。《月夜的寶石（*Les Bijoutiers du clair de lune*）》是由羅傑・華汀執導、碧姬・芭杜主演的電影，因此畫中的金髮女郎應該就是碧姬・芭杜，而一旁小田急電鐵與東急電鐵的招牌則像是要搶她的風采。

危險的鐵橋

電車因為強風而從沒有欄杆的鐵橋上翻覆，這樣的情況並非從未發生，東京地下鐵的東西線就曾經在好幾年前發生類似的事故。不過如果遇到颱風來襲，只要及早停駛就可以了，事前掌握情報並小心擬定對策，便能避免重大意外。尤其颱風這種天災並不會突然就發生，因此還有時間因應，像是及時降低車速也是一項方法，此外最近地震偵測器的精確度大幅提升，在三一一大地震時便為東北新幹線立下了大功。雖然乍看之下很危險，但如果把該做的事情好好完成，就算發生意外應該也不會導致嚴重事故。

大野川鐵橋（石川縣）
1957 年 5 月 31 日
孩子們將身體探出車窗外。

池袋（東京都）1957 年 2 月 12 日
行駛在鐵橋上的西武線。下方是山手線的軌道。

下北澤（東京都）1958 年 12 月 20 日

鐵道的位置比屋頂還高，而且因為在都市裡，或許有人會擔心掉下來該怎麼辦，不過，電車脫軌的機率和位置高低其實沒有必然的關係。從車頭的「荷」這個字可以判斷是井之頭線的行李專用電車。

跨越大井川的靜岡鐵道駿遠線（靜岡縣）1965 年 3 月 9 日

境川（神奈川縣）1956 年 12 月

江之電橫越流經鵠沼的境川。雖然江之電的車票與通行證的領取方式引進了國鐵的系統，近似路面電車的車廂和車速，卻讓人覺得是偽裝成一般列車的路面電車。

節日活動

核心家庭的增加逐漸改變了人們的生活型態。雖然這點很難透過照片反映出來，不過真要說的話，與過去相差甚遠、越來越淡的年味，應該也和核心家庭化的影響有關。像以前那樣穿著和服的孩子越來越少，就連大人也不在過年期間換上和服，以往大家都會在這些特殊節日盛裝打扮，如今這件事本身也逐漸減少了。

衣笠山公園（神奈川縣橫須賀市）
1956 年 4 月 10 日
雖然我並沒有特別喜歡外出賞花，但是在櫻花盛開的季節，還是會跑到透過車窗就可以欣賞櫻花美景的長瀞或在家附近賞櫻。這張照片是我剛到日本一週左右拍的。當我問到正逢櫻花季、不知哪裡可以一睹日本櫻花的風采時，同事向我推薦了衣笠山公園。我在賞完櫻花要走下坡的時候遇到了照片中的這一家人，他們應該正要去賞花。這種全家一起出遊的感覺真的很棒。

以前因為家裡總是有人在，所以家家戶戶幾乎都不太鎖門，但這樣的情況如今也有很大的轉變。生活型態的改變大幅影響了日本人的日常生活——或許應該說，是某種巨大的變化帶來了許多微小的變化。

姬路站前（兵庫縣）1959 年 1 月 1 日

生田神社（兵庫縣）1959 年 1 月 2 日

湊川神社（兵庫縣）1959 年 1 月 2 日

過年期間因為人人都會盛裝打扮，所以可說是拍照的大好時機。我覺得現在穿和服的人比過去少了很多。而另一個拍攝和服的好機會則是成人之日。核心家庭增加、家庭成員減少，導致換和服時往往沒有家人從旁協助，或許也是大家越來越少穿和服的原因之一。

七夕　海野町（長野縣上田市）
1956 年 8 月 6 日

我從國鐵上田站走到丸子線上田東站（已於 1969 年廢線）的途中巧遇七夕祭典。滿是七夕裝飾的海野町中央商店街一片熱鬧歡騰。

七夕　初台（東京都）
1960 年 7 月 16 日

初台的商店街被七夕裝飾點綴得五彩繽紛。

松尾町・大福通
中元大売出し
食堂

七五三節　嵐山（京都府）1958 年 11 月 15 日

以前在七五三節或過年的時候可以看到比較多穿和服的孩子。有些孩子長得夠大的話也會學著自己穿，當時在家換穿和服的情況相當普遍。

日本昭和時代老照片

鐵道・生活・風景帖

秘蔵カラー写真で味わう60年前の東京・日本

作　　者　J・瓦利・希金斯　J. Wally Higgins
譯　　者　歐兆苓
編　　輯　林蔚儒
執 行 長　陳蕙慧
行銷總監　陳雅雯
行銷企劃　尹子麟、余一霞、張宜倩
美術設計　吳郁嫻

出 版 者　遠足文化事業股份有限公司
（讀書共和國出版集團）
地　　址　231 新北市新店區民權路 108-2 號 9 樓
電　　話　(02)2218-1417
傳　　真　(02)8667-1851
郵撥帳號　19504465
戶　　名　遠足文化事業股份有限公司
客服專線　0800-221-029
客服信箱　service@bookrep.com.tw
網　　址　http://www.bookrep.com.tw
臉書專頁　https://www.facebook.com/WalkersCulturalNo.1
法律顧問　華洋法律事務所　蘇文生律師
印　　製　呈靖彩藝有限公司
定　　價　新台幣 480 元
初版一刷　2021 年 04 月
初版五刷　2023 年 12 月

Printed in Taiwan
有著作權　侵害必究

如有缺頁、破損，請寄回更換
有關本書中的言論內容，不代表本公司／出版集團之立場與意見，文責由作者自行承擔。

《HIZO COLOR SHASHIN DE AJIWAU 60 NEN MAE NO TOKYO・NIPPON》
©J. Wally Higgins, 2018
Editorial Cooperation: Noriko Sakoh
All rights reserved.
Original Japanese edition published by Kobunsha Co., Ltd.
Traditional Chinese translation rights arranged with Kobunsha Co., Ltd.
through AMANN CO., LTD., Taipei

〈協力〉
NPO 法人名古屋 Rail Archives
Norie Lynn Fukuda-Matsushima
大野雅弘

國家圖書館出版品預行編目 (CIP) 資料

日本昭和時代老照片 : 鐵道 . 生活 . 風景帖 / J. 瓦利 . 希金斯著 ; 歐兆苓譯 . -- 初版 . -- 新北市 : 遠足文化事業股份有限公司 , 2021.04

面； 公分

譯自 : 秘蔵カラー写真で味わう 60 年前の東京・日本

ISBN 978-986-508-091-4(平裝)

1. 日本史 2. 昭和時代 3. 照片集

731.278 110003903